Sob
a luz sagrada
de
Deus

Dados Internacionais de Catalogação na Publicação (CIP)
(Câmara Brasileira do Livro, SP, Brasil)

Chittister, Joan
  Sob a luz sagrada de Deus : a sabedoria dos Padres do Deserto / Joan Chittister ; tradução de Guilherme Summa. – Petrópolis, RJ : Vozes, 2022.

  Título original: In God's holy light
  ISBN 978-65-5713-654-6

  1. Padres do Deserto 2. Vida espiritual - Cristianismo - Obras anteriores a 1800 I. Título.

22-116425   CDD-271.009015

Índices para catálogo sistemático:
1. Padres do Deserto : Cristianismo 271.009015
Cibele Maria Dias - Bibliotecária - CRB-8/9427

Joan Chittister

Sob a luz sagrada de Deus

A sabedoria dos Padres do Deserto

Tradução de Guilherme Summa

EDITORA VOZES

Petrópolis

© 2015, Joan Chittister

Tradução realizada a partir do original em inglês intitulado
In God's Holy Light – Wisdom from the Desert Monastics

Direitos de publicação em língua portuguesa – Brasil:
2022, Editora Vozes Ltda.
Rua Frei Luís, 100
25689-900 Petrópolis, RJ
www.vozes.com.br
Brasil

Todos os direitos reservados. Nenhuma parte desta obra poderá ser reproduzida ou transmitida por qualquer forma e/ou quaisquer meios (eletrônico ou mecânico, incluindo fotocópia e gravação) ou arquivada em qualquer sistema ou banco de dados sem permissão escrita da editora.

CONSELHO EDITORIAL

Diretor
Gilberto Gonçalves Garcia

Editores
Aline dos Santos Carneiro
Edrian Josué Pasini
Marilac Loraine Oleniki
Welder Lancieri Marchini

Conselheiros
Francisco Morás
Leonardo A.R.T. dos Santos
Ludovico Garmus
Teobaldo Heidemann
Volney J. Berkenbrock

Secretário executivo
Leonardo A.R.T. dos Santos

Revisão do original: Bárbara Kreischer
Diagramação: Sheilandre Desenv. Gráfico
Revisão gráfica: Nilton Braz da Rocha
Capa: Felipe Souza | Aspectos

ISBN 978-65-5713-654-6 (Brasil)
ISBN 978-1-61636-831-9 (Estados Unidos)

Este livro foi composto e impresso pela Editora Vozes Ltda.

A Anne Wambach, O.S.B.,
uma beneditina cuja vida e liderança continuam na
tradição daqueles em cujo espírito ela caminha

Sumário

1 Cuidado com a falsa espiritualidade, 9
2 O pior pecado religioso, 13
3 O que Jesus quer, 16
4 Os perigos da propriedade privada, 19
5 Humildade e aprendizagem, 23
6 Tropeçando em direção à perfeição, 27
7 Em busca da profundidade espiritual, 31
8 Companheiros na jornada, 34
9 Volte rápido para sua cela, 38
10 Cultivando uma consciência contemplativa, 42
11 Agentes de Deus na terra, 46
12 A porta estreita, 50
13 O amor prevalecerá, 54
14 Mergulhando na Palavra de Deus, 58
15 Paixões que estão à espreita, 62
16 Escolha sua vida, 66
17 Tentações benéficas, 70
18 O valor espiritual da rotina, 74
19 Quem é o seu Deus?, 78
20 Aquiete-se e conheça a Deus, 82
21 Integridade e libertação, 86

22 Espiritualidade lenta, 89
23 Capitalismo e cristianismo, 93
24 A roda do sucesso, 99
25 O que contribui para a transformação espiritual, 103
26 Enraizado no autocontrole, 108
27 Paz de espírito, 112
28 Graça e simplicidade, 116
29 O propósito do trabalho, 121
30 Nossos valores, nossas escolhas, 125
31 A dimensão espiritual das palavras, 130
32 Santa generosidade, 134
33 Poder e pacifismo, 139
34 O que é santidade?, 143
35 Torne-se o fogo!, 147

1
Cuidado com a falsa espiritualidade

―――∞∞――――

Certa vez, foi estabelecida em Escetes a regra de que se deveria jejuar por toda a semana anterior à Páscoa. Durante este período, entretanto, alguns irmãos vieram do Egito para ver Abba Moisés [São Moisés o Negro], e ele lhes preparou uma modesta refeição. Vendo a fumaça, os vizinhos disseram aos sacerdotes da igreja daquele lugar: "Vejam, Abba [pai] Moisés quebrou a regra e está cozinhando comida em sua casa". Então, os sacerdotes responderam: "Quando sair, falaremos com ele". Quando chegou o Dia do Senhor, os sacerdotes, que conheciam o modo de vida ilibado de Abba Moisés, dirigiram-se a ele em público: "Oh, Abba Moisés, de fato quebraste o mandamento estabelecido pelos homens, mas preservaste incólume o mandamento de Deus".

―――∞∞――――

Os Padres do Deserto, milhares de monges e freiras que se deslocaram para os desertos egípcios entre os séculos III e VI, passaram a ser vistos como os olimpianos da vida espiritual. Eles foram para o deserto deliberadamente para viver o mais próximo possível do básico para a existência: nada de comida além da estritamente necessária, nada de supérfluos, nada de excessos. Eles se distanciaram inclusive fisicamente das tentações do mundo à sua volta – a gula, a libertinagem, o materialismo, o orgulho – e no processo se tornaram os atletas espirituais da época. Como os formidáveis corredores ou lançadores de disco ou gladiadores ao seu redor, privaram a si próprios dos confortos da vida para se aplicarem na busca por Deus. Eles faziam tudo o que podiam para eliminar as frivolidades mudanas a fim de ver, aspirar e ouvir somente a Deus.

Era um grupo de indivíduos admirável e impressionante; contava com cidades inteiras como Escetes, mencionadas nesta história, agrupadas e concentradas em uma única coisa apenas – Deus. Devotavam-se integralmente aos rigores do jejum e à negação do corpo com o objetivo de aguçar a sensibilidade da alma. Seu modo de vida e práticas espirituais se tornaram lendários. Alguns deles oravam a noite inteira; outros jejuavam o dia inteiro; muitos recolhiam-se à solidão na companhia de Deus pela vida toda. Todos viveram vidas de oração e ascese corporal.

Eles se tornaram os místicos, os mentores espirituais e os conselheiros da época. Multidões acorriam ao deserto para ouvir deles um ensinamento, parábola ou máxima espiritual que serviria para orientar a própria vida quando retornassem à cidade. O que poderia ser mais louvável? Como não apreciar esse tipo de foco nas coisas importantes da vida? Resposta: a possibilidade de satisfação, de presunção.

A verdade é que o perigo do ascetismo reside no fato de que o próprio ascetismo pode se tornar um substituto muito lisonjeiro para a verdadeira vida espiritual. Se o propósito do ascetismo é malcompreendido, equivocado ou exagerado, o ascetismo, pelo menos em nosso tempo, pode descolorir toda a vida espiritual para muitos. Em um período de psicologia humanista, a destruição do corpo – por qualquer motivo, sob qualquer forma – não é facilmente vista como uma resposta sã à vida.

Então, qual a razão de ser dessa história? Precisamente porque ela é muito importante para nossa compreensão de como, de fato, deve ser a santidade que buscamos.

Nesta história, a necessidade de rigor físico, bem como de criação de regras e observância da lei como sinal de santidade, está incorporada à opinião popular. De fato, os guardiões da religião da época vão direto às autoridades religiosas para reclamar da mediocridade espiritual de um dos homens mais santos daquele tempo, Abba Moisés. "Este homem", denunciam, "interrompe o grande jejum – come com leigos! – simplesmente porque tem visita. É um escândalo; é pecado; tomem alguma providência a respeito disso."

E os líderes espirituais, igualmente santos da época, o fazem: em público, no Dia do Senhor, eles convocam Moisés para tratar da questão. Diante de toda a comunidade de seguidores, eles confrontam Moisés com seu lapso de santa obediência à regra. E, ao fazê-lo, confirmam a verdadeira espiritualidade em face à falsa espiritualidade. "Abba Moisés", dizem eles, "tu quebraste o mandamento estabelecido pelo povo." (Que não haja dúvida: eles perceberam a ofensa.) "Mas", prosseguem, "preservaste incólume o mandamento de Deus."

Os mandamentos dos homens nada são diante dos mandamentos de Deus de amar o próximo, ser misericordioso, alimentar o faminto, dar de beber ao sedento e ser puro de coração.

O lugar desta história no léxico da vida espiritual é claro: não podemos substituir as penitências que fazemos durante a Quaresma, por exemplo, pelo que deveríamos estar fazendo para atender às necessidades do mundo ao nosso redor. A finalidade de nossas penitências é nos proporcionar a força espiritual e moral para fazer o que precisa ser feito, para tornar a vida melhor para aqueles que estão em necessidade à nossa volta. Seu propósito não é nos dar um pretexto para não fazê-lo.

2
O pior pecado religioso

Santo Antão disse: "Há de vir um tempo em que as pessoas enlouquecerão e, quando virem alguém que não é louco, apontarão o dedo para tal indivíduo acusando: 'Tu és louco porque não és como nós'".

Jamais duvide nem por um minuto de que querer ser igual ao outro para "não ficar para trás" não seja um fenômeno religioso tanto quanto é econômico. Ser como as pessoas que queremos ter como parâmetro é um fenômeno social de grandes proporções. Seja baseado no medo ou na ganância, pode fazer com que populações inteiras modifiquem comportamentos sociais, como cardumes de peixes mudam de direção.

Psicólogos sociais chamam isso de "comportamento de manada" ou "mentalidade de multidão" e estudam suas facetas desde o século XIX. Hoje em dia ninguém conhece melhor os perigos de tal fenômeno do que os economistas. E uma parcela nada desprezível disso ocorre na religião. A partir do momento em que algumas pessoas começam a prever o fim do mundo, outras estabelecem datas no calendário para uma catástrofe mundial e abastecem os *bunkers* de seus quintais com suprimentos suficientes para durar anos. Pior ainda, a histeria religiosa pode muito bem estar mais arraigada no pensamento social do que outros males sociais. Queimar bruxas nos Estados Unidos – executar mulheres por "associação com o diabo" – contradiz completamente os próprios ideais fundadores do país. A supressão da liberdade religiosa em todo o mundo expõe a semente da ignorância que permeia toda sociedade que alega preocupação com Deus. Os ataques às igrejas no Oriente Médio, os conflitos tribais na África, as leis de exclusão que se seguiram às grandes guerras religiosas na Europa até o século XX são provas irrefutáveis de que todos nós pecamos. Chamamos a "diferença" de insanidade e fazemos tentativas insanas de eliminar o outro.

Entretanto, os Padres do Deserto, os mais "católicos" dos católicos em uma era de revelação incorrupta, não aceitavam nada disso. Santo Antão não admite dúvidas: a exclusão em nome de Deus é o pior pecado religioso. Deus fala em muitas línguas e para todas as pessoas, independente de cor e idade. Não cabe a nós decidir onde está a aprovação de Deus.

Mas cabe a nós considerar como tarefa espiritual a obrigação de chegar às nossas próprias conclusões. Não devemos adotar opiniões alheias por comodismo. Não devemos aderir às decisões de outra pessoa como maria-vai-com-as-outras e simplesmente seguir a multidão. Devemos ser cristãos pensantes.

A perseguição religiosa contra negros, irlandeses, protestantes, mulheres, gays e muçulmanos, só porque é a tendência da época, é motivo de eterna vergonha para nós. Tornar essas coisas atos de fé, algo que cada um de nós tem feito ao longo do tempo é a maior infidelidade ao nosso Deus Criador. É o mesmo tipo de repúdio que Jesus suscitou. Ele era um galileu. E teve a ousadia de defender os cananeus, os leprosos, as mulheres, os samaritanos, os pobres e os estrangeiros na terra. Ele se recusou a se curvar à pressão social que advém de ser "diferente". Então, eles o expulsaram do âmbito de sua religião; ou saíram escondidos para vê-lo somente à noite, como Nicodemus; ou, na praça, gritaram: "Crucifica-o, crucifica-o, crucifica-o!"

E Jesus deixou para todos nós a obrigação de falar sobre questões que ameaçam corroer nossa humanidade. Falar em defesa dos inocentes e oprimidos. Manifestar-se, não importa quanto tempo leve e quaisquer que sejam as pressões contra nós. Pronunciar-se quando ouvimos ao nosso redor as estratégias daqueles que equilibrariam o orçamento nacional negando benefícios de alimentação aos famintos e educação de qualidade às crianças, e vidas decentes aos desempregados e malremunerados, e um meio de integração à comunidade aos estrangeiros na terra.

Nossa obrigação não é ser como aqueles que garantiriam sua segurança privando os outros de sua própria segurança. Nossa obrigação é ser como Jesus. E isso pode ser qualquer coisa, menos insanidade.

3
O que Jesus quer

Alguns anciãos foram ver São Poemen e lhe disseram: "Diga-nos: quando flagrarmos irmãos cochilando durante o ofício sagrado devemos beliscá-los para que permaneçam acordados?" O ancião lhes respondeu: "Na verdade, se eu visse um irmão cochilando, eu pousaria a cabeça dele nos meus joelhos e o deixaria descansar".

Aquilo que torna atraente qualquer tipo de prática ascética – deixar de consumir doces, comer peixe em vez de carne, ir a missas durante a semana, rezar um rosário todos os dias – é que elas são mensuráveis. Você pode contá-las. As pessoas podem ver que você as segue. No mínimo, há uma espécie de satisfação pessoal, uma sensação de realização, um conforto que vem de saber que estamos de fato fazendo algo para nos tornar pessoas mais santas. Os atletas fazem a mesma coisa. Eles contam flexões, exercícios aeróbicos e o número de quilômetros que percorrem de bicicleta. E isso é bom. Mas a vida espiritual não gira em torno dessas coisas, mesmo que constituam uma pequena parte dela. É fácil calcular os deveres cumpridos, sim, mas o senso de justiça, nem tanto; a caridade, menos ainda. Os valores centrais da vida espiritual são compostos tanto pelas atitudes que fundamentam a maneira como levamos a vida quanto pela regularidade de nossas devoções.

A tragédia espiritual reside no fato de que podemos rezar cinquenta ave-marias por dia e, ao mesmo tempo, não fazer coisa alguma pela família vizinha que não consegue pagar a conta de luz no inverno, e muito menos defender alterações nas leis de assistência social. Podemos comparecer à missa diariamente, e então ir para casa, e preencher nossos formulários do imposto de renda. Podemos abrir mão de carne às sextas-feiras para sempre e continuar racistas. Podemos doar todos os nossos agasalhos velhos para a campanha local de arrecadação de roupas para os pobres e, ainda assim, não mover uma palha a respeito da igualdade salarial para as mulheres, que constituem hoje 40% dos chefes de família assalariados do país.

Ou, melhor ainda, podemos usar nossas próprias práticas piedosas como referência para julgar – e determinar do que carecem – as disciplinas religiosas dos outros. Como nesta lição de São Poemen, na qual se vê que a tentação é, sem dúvida, um passatempo humano, independentemente dos dezoito séculos entre aquele e agora.

Práticas piedosas regulares, por mais importantes que sejam para o despertar da consciência espiritual em nós, não são o cerne da vida espiritual. Na verdade, essas mesmas práticas podem se tornar um obstáculo ao nosso pleno desenvolvimento espiritual. E isso não é novidade. São

Poemen tinha essa consciência no século III, e não se intimidou diante do esforço que seria necessário para educar as pessoas sobre a verdade disso – mesmo aquelas que pensavam já serem espiritualizadas.

Com esta história, o legalismo e o ascetismo postiço perdem a importância à luz de virtude maior. O que São Poemen pede aqui é o exercício da misericórdia, compaixão e perdão: a própria santidade que as práticas piedosas devem semear em nós e que o rigor por si só nunca pode substituir. Tampouco nosso fracasso em sermos inabalavelmente fiéis a tais práticas diminui o valor daqueles cujos corações estão corretos, mesmo quando seus joelhos estão fracos. Todos aqueles indivíduos que fizeram resoluções quaresmais ao longo dos séculos e, então, desiludidos de alcançar a perfeição, desistiram de cumpri-las depois de as terem trangredido uma vez, deveriam ter conhecido São Poemen.

Na vida espiritual, devemos estimular nossas almas à disciplina regular para que, ao fazê-lo, nossos corações sejam abrandados para servir àqueles a quem Jesus serviu. Jesus, amável como é, deseja de nós corações puros, não sacrifícios; comprometimento profundo, não apenas medalhas por vencermos as maratonas espirituais que corremos para nos sentirmos santos.

4
Os perigos da propriedade privada

Evágrio Pôntico conta que havia um irmão, chamado Serapião, que não possuía nada exceto o Evangelho, e que este ele vendeu para dar de comer aos pobres. E proferiu as seguintes palavras, que vale a pena recordarmos: "Eu vendi inclusive a própria palavra que me ordenou: 'Venda tudo e dê aos pobres'".

As histórias que os Padres do Deserto nos deixaram para refletir ao longo dos séculos são sempre um pouco provocativas. Elas tomam o mundo como o conhecemos e o transformam. Todas nos fazem repensar as nossas ideias sobre a vida espiritual e enxergar de uma forma diferente, renovada. Mas esta história não é apenas provocativa: Ela beira a blasfêmia. Se o irmão abre mão das próprias Escrituras que o guiam, que tipo de narcisismo espiritual é esse? Ele está dizendo que não precisa mais seguir as Escrituras? Que ele pode ser seu próprio guia, o cego guiando o cego? Isso é santidade?

E que tipo de modelo espiritual é esse para o restante de nós? Será que essa história é uma licença para esquecermos as Escrituras exatamente quando começamos a levá-las a sério? Devemos agora esquecer que elas devem ser uma referência para a vida e não simplesmente uma coleção de pequenas histórias isoladas, em grande parte estranhas à nossa cultura, obscuras na forma e no significado também?

Evágrio Pôntico fala de um poço espiritual muito profundo nessa história. É preciso dedicar muito esforço mental a este ensinamento para compreendê-lo. Ele chama a atenção para duas questões, não apenas uma. E então nos deixa com um terceiro ensinamento não explícito para desvendarmos pelo resto de nossas vidas.

Seu primeiro ensinamento é claro. O irmão Serapião possuía apenas uma coisa: sua Bíblia. O que, aliás, não era incomum para os Padres do Deserto que viviam envoltos em panos grosseiros, usavam sandálias toscas, dormiam no chão duro e tinham poucos livros, se é que tinham algum, além das Escrituras. Mas ele abriu mão da única coisa que possuía. E essa coisa era o próprio alicerce de sua vida espiritual.

Aqui, nesta história simples, somos confrontados nos termos mais gritantes com o que, séculos depois, ainda é um apego muito atual. A propriedade privada, a tendência a acumular riqueza é em nosso tempo a própria base do globalismo, o indicador seguro do sucesso social, e o sistema do qual toda segurança privada depende em um mundo capitalista.

A questão espiritual óbvia da época, então, que Evágrio e Serapião levantam, é: do que é que abriríamos mão? A que porção de nós realmente renunciaríamos se, de fato, acreditássemos que reduzir nosso próprio consumo deixaria mais para o resto do mundo? Ou, melhor ainda, do que não abriríamos mão, não importa quem necessitasse de tal coisa? Nossa confortável cama, talvez? Nosso computador? Nossa TV de tela plana? Nosso segundo carro? E, em cada caso, devemos nos perguntar: por que não? O que nos prende ao chão do mesmo modo que as cordas seguram um balão de ar quente? Seja o que for aquilo de que não abrimos mão, isso pode nos dizer muito sobre nós mesmos. Esses desafios são espiritualmente significativos em um período em que toda a riqueza está se deslocando para o topo, e o que antes eram os direitos de negociação da classe trabalhadora está sendo rapidamente desmantelado.

Há um segundo ensinamento embutido neste texto que é igualmente perturbador.

Evágrio nos diz que Serapião abre mão inclusive "do livro que lhe disse para abrir mão de tudo". Serapião recusa-se a fazer de qualquer coisa, mesmo a religião, um ídolo. A religião, que deve nos conduzir a Deus, muitas vezes faz de si mesma um deus. E agora? Quando a própria religião precisa mudar, é aí que descobrimos o que é realmente nosso Deus: o Fim para o qual toda religião deve apontar, ou os protocolos e a pompa, estruturas de autoridade e velhos cânones, música e instrumentos, pinturas e imagens sagradas, aos quais nos acostumamos? É uma pergunta que penetra profundamente na alma. Este Irmão Serapião é um sujeito irritante.

Mas há, ainda, um terceiro *tsunami* espiritual espreitando sob a simplicidade desta história. É possível que Serapião saiba que, se mantiver o primeiro ensinamento e vender tudo o que tem e doar para dar de comer aos pobres, terá cumprido todo o Evangelho e não precisará mais do livro?

5
Humildade e aprendizagem

Um dia, Santo Arsênio estava pedindo aconselhamento a um velho egípcio sobre seus próprios pensamentos. Alguém que viu a cena questionou: "Abba Arsênio, por que uma pessoa como você, que tem um conhecimento tão vasto de grego e latim, pergunta a um camponês como este sobre seus pensamentos?" Ele respondeu: "De fato, aprendi o conhecimento do latim e do grego, mas não aprendi nem mesmo o alfabeto deste camponês".

Sempre que nos distanciamos do mundo à nossa volta, perdemos uma parte da visão necessária para nos tornarmos o que devemos ser – a parte que não pode ser desenvolvida orando em um santuário interior para o eu. O fato é que, como disse tão bem o poeta John Donne, "Nenhum homem é uma ilha". Nenhum de nós é suficiente para nós mesmos. Nenhum de nós. Nem eu, nem você, nem mesmo presidentes e papas. Aprender isso seria suficiente para fazer da vida espiritual em si seu próprio tipo de ascetismo purificador.

O que os Padres do Deserto sabiam de uma forma espiritual muito especial, muito antes de a Psicologia moderna começar a oferecer oficinas de liderança, é que quando tentamos agir como se fôssemos uma ilha – separados, invencíveis, afastados de todos os outros – é exatamente quando mais fracassamos.

Pais que não ouvem seus filhos, professores que não aprendem com seus alunos, até mesmo ministros da fé que não prestam atenção às preocupações e percepções daqueles a quem servem, andam como bêbados na corda bamba. Estão fadados ao fracasso não importa quão brilhantes sejam seus primeiros sucessos. É quando as portas do santuário interior se fecham, quando aqueles que pretendem liderar se isolam da sabedoria do restante do mundo, quando nações caem e igrejas começam a desmoronar, famílias se dissolvem e amigos desaparecem. Então, Santo Arsênio torna-se uma figura muito atual, um sábio espiritual muito requisitado.

Arsênio vem chamar nossa atenção para três dimensões da vida – algo muito semelhante aos cegos da lenda hindu que, rodeando um elefante, só conseguem definir a parte que eles mesmos tocaram: a cauda, a tromba ou os flancos maciços. Arsênio nos alerta para o quanto o conceito de humildade se deteriorou no Ocidente – e para o perigo disso. Ele nos pede que examinemos nossas próprias habilidades. Ele nos estimula a pedir ajuda e aprender com os estrangeiros entre nós.

No Ocidente, onde o "individualismo forte" estabeleceu um continente pioneiro à custa daqueles que aqui viveram antes de nós, a independência, a iniciativa e as inclinações pessoais tornaram-se virtudes nacionais. É uma questão de "Faça o que quiser, pegue o que puder, resista a quem se opuser. Mas pegue o que está na sua frente e guarde-o para si mesmo". Nenhuma mentalidade mais pagã do que esta foi absorvida pelo cristianismo desde a queda do Império Romano.

E quando o grande Santo Arsênio, um romano de nascimento, um líder dos discípulos monásticos em Escetes, pede ajuda a um camponês egípcio para obter conhecimento, o ídolo cai. Arsênio sabe que é um estudioso dos clássicos, o mais erudito sobre os povos antigos. Em seu círculo social não há nada que ele não saiba. Mas ele também percebe que cada um de nós é o Oráculo de Delfos em algum campo, mas não em todos. Ele não menospreza suas próprias habilidades. Humildade, ele sabe, não é sinônimo de humilhação.

Ao contrário, Arsênio não se rebaixou; ele simplesmente demonstrou sua admiração pelo camponês, colocando-o num pedestal ao qual tal indivíduo faz jus nas áreas de sua própria especialidade – talvez agricultura; talvez o clima; talvez pescaria; talvez construção de barcos; talvez história ou geografia local ou sistemas sociais, todas essas dimensões da vida dignas, nobres e necessárias. A virtude de Arsênio reside em saber que sua própria sabedoria tem seus limites, suas barreiras.

Então, vem a lição espiritual para nossa própria época, que é pelo menos tão repleta de tensão entre classes e preconceito racial quanto a dele. Arsênio pede ajuda ao estrangeiro para preencher o que está faltando em si mesmo. E, ao fazê-lo, ele nos coloca frente a frente com nós mesmos e com nosso próprio tempo. Ele pede que examinemos como tratamos os estrangeiros. Como tratamos os imigrantes. Como encaramos o "diferente". Nós o fazemos como Jesus com a mulher cananeia, a mulher samaritana, o soldado romano? Ou do jeito dos romanos? Exigindo deles tanto trabalho duro quanto impostos pesados?

De fato, esses Padres do Deserto podem muito bem ser os juízes de nosso próprio tempo. Eles podem nos fazer olhar para o que significa ser cristão em um mundo onde temos as igrejas, mas podemos estar à beira de perder o carisma.

6
Tropeçando em direção à perfeição

―――∞∞∞―――

Certa vez, um irmão cometeu um pecado em Escetes, e os anciãos se reuniram e mandaram chamar Abba Moisés. Ele, no entanto, não queria ir. Então, o sacerdote enviou-lhe uma mensagem, dizendo: "Venha, todos o estão aguardando". Então, ele finalmente se levantou para ir. E ele pegou um cesto velho e furado, encheu-o de areia e o carregou consigo. As pessoas que vinham ao seu encontro perguntavam: "O que é isso, padre?" Então, o ancião disse: "Meus pecados estão se derramando atrás de mim, mas eu não os vejo. E hoje eu vim para julgar os pecados de outra pessoa". Ao ouvirem isso, nada disseram ao irmão, e o perdoaram.

―――∞∞∞―――

É tão fácil reduzir a religião a regras de comportamento. Mas uma vez que começamos a trilhar este caminho, perdemos contato com o verdadeiro mistério de Deus entre nós. Esta pequena história monástica expõe a diferença entre a dimensão sacerdotal da Igreja e sua tradição mística.

O legalismo eclesiástico pode estabelecer os padrões que definem a comunidade cristã, mas o misticismo cristão nos mostra o esforço necessário para ter a mente de Cristo.

É um lembrete de que há momentos em que devemos escolher entre os ditames da instituição e a beleza da fé. É uma escolha entre a missão do *establishment* clerical de manter a tradição e os profundos *insights* espirituais daquelas sábias figuras que tornam real a tradição viva. Suas próprias vidas refletem o que significa ver o mundo como Deus o vê.

A base universal da história é clara: não se trata de perfeição. Pelo contrário, é um lembrete de que o pecado está sempre conosco. É uma advertência para percebermos que é próprio da natureza humana crescer e se desenvolver em Deus, um erro de cada vez. Ser humano nada tem a ver com perfeição. A perfeição simplesmente não é alcançável na condição humana. O propósito de sermos humanos é nos tornarmos os melhores seres humanos que podemos ser, um entendimento, um erro, de cada vez. Então, tendo vivência da batalha que é tentar e fracassar repetidas vezes, tornamo-nos sensíveis para com os outros que também estão batalhando no processo.

Não, se você é humano e sabe disso, a perfeição é, na melhor das hipóteses, uma miragem e, na pior, uma tentação à arrogância do mais alto grau. É a tentação de fazer dos "pecadores" – ou seja, aqueles que não somos nós – os párias da época. Ela separa os indivíduos santos dos profanos, evidencia quem entre nós é próximo de Deus e quem não é. Aqueles que cumprem suas resoluções quaresmais chamamos de devotos. Aqueles que sempre aquiescem em silêncio chamamos de humildes. Aqueles que nunca levantam questões, especialmente na Igreja, chamamos de obedientes. Aqueles que participam de todos os rituais chamamos de pios. Para todos os outros, porém, uma Igreja como esta negaria a comunhão por buscarem formas pluralistas de lidar com questões pluralistas. Sem ter sequer a decência de corar, esta Igreja condena como pecadores públicos aqueles que acreditam na igualdade, ou na consciência, ou na mudança.

Mas esta não é a Igreja que ensina o que Jesus ensinou. E esta não é a Igreja cujos ensinamentos as pessoas reconhecem por sua abordagem amorosa da condição humana. E esta não é a Igreja que cada um de nós sabe que precisa.

Dentro de nós surge uma verdade a ser ouvida: somente a misericórdia e o significado podem realmente lidar com o pecado. É a misericórdia que buscamos em nós mesmos que devemos oferecer aos outros. É o significado da presença de Jesus entre nós que devemos procurar ser agora.

Entra em cena Abba Moisés. Convocado pelos sacerdotes para julgar um irmão, para condenar publicamente aquele já humilhado, Moisés recusa-se a tomar parte do espetáculo. Instado pela instituição a comparecer e cumprir seu dever, ele vem, mas não para integrar a multidão daqueles que preferem os tribunais eclesiásticos aos ensinamentos da Igreja. Moisés vem para ser a presença do Jesus curador e misericordioso. Ele, ao mesmo tempo, vem para elevar as almas daqueles amortecidos pelos açoites da lei ao amor de um Deus que perdoa.

Moisés condena, sim, mas não aquele que os outros esperam. Moisés condena os condenadores. Entre todo o povo da igreja congregado, o indivíduo verdadeiramente santo é Moisés, que se recusa a atirar a primeira pedra. E, no fim das contas, não vem também Moisés condenar-nos a todos por fingirmos para nós mesmos que a lei pode substituir o amor de Deus? Este amor, esta mesma Igreja nos ensina que cada um de nós deve derramar o julgamento que dirigimos sobre a cabeça dos desonrados e angustiados em nossas próprias vidas.

Moisés vem nos dizer que amor sem medida, amor sem preço, amor sem julgamento é, afinal, o que todas as outras práticas espirituais devem desenvolver em nós.

7
Em busca da profundidade espiritual

―――∞―――

Santa Sinclética de Alexandria disse: "No início, há luta e muito trabalho para aqueles que se aproximam de Deus. Mas depois disso há uma indescritível alegria. É como acender uma fogueira: no começo há muita fumaça e seus olhos lacrimejam, mas depois você obtém o resultado desejado. Assim, devemos acender o fogo divino em nós mesmos com lágrimas e esforço".

―――∞―――

Há duas coisas que precisamos perceber quando lemos as palavras das amas e dos abas do Deserto. A primeira informação importante é que você não se torna uma amma [mãe] do deserto pelo simples fato de ir para lá. Sinclética e sua irmã se dedicaram à vida espiritual depois que seus pais morreram. Tudo o que herdaram elas venderam e deram aos pobres para viver vidas parcas e eremíticas. Mas, veja: Sinclética tornou-se uma amma; sua irmã, não.

O segundo entendimento pode ser ainda mais importante do que o primeiro: para se tornar uma amma, você nem precisa ir para um deserto. A maioria daqueles na Igreja primitiva que realmente se concentraram apenas em Deus em suas vidas – milhares e milhares deles –, de fato, mudaram-se para o deserto. As distrações eram poucas ali e o ascetismo era da própria natureza do lugar, mas nem todos os que viviam uma vida monástica iam para o deserto. Sinclética e sua irmã, na verdade, moravam em uma caverna na região da cidade de Alexandria, onde cresceram e viveram toda a vida. Obviamente, ser uma Amma do Deserto é mais uma qualidade da alma e estilo de vida do que um mero fato geográfico.

Está relacionado também em alguma medida com a idade -- com ter vivido o suficiente para ter lutado contra os demônios da vida antes de pregar aos outros. Sinclética, dizem, tinha oitenta e quatro anos quando deixou a comunhão com Deus neste mundo para a comunhão com o Deus do universo no próximo mundo.

Amas e abas, em outras palavras, são indivíduos em quem podemos confiar nossas próprias almas porque eles já estiveram aonde estamos indo e o fizeram bem. Tendo assumido com maestria o controle de suas próprias vidas, eles são mestres espirituais em cujas verdades podemos confiar quando nos encontramos enredados em nossas próprias vidas.

Esta é a Sinclética que fala conosco aqui. Suas palavras são preciosas e profundas. Ela nos diz: não desista. O caminho para Deus, a estrada para a profundidade espiritual, é lento, mas verdadeiro. Exige atenção constante, mas vale a pena. No fim, traz paz e alegria.

Se seguirmos pela vida doando coisas pessoais para aqueles que precisam delas mais do que nós, descobriremos que na verdade não precisávamos delas. As distrações que rejeitamos ao longo do trajeto – bebida, consumismo, abuso de todos os vícios possíveis – nos deixam lúcidos e serenos quando mais precisamos disso.

A paz que fomos tentados a desperdiçar na vida em guerras interiores, competições invejosas, narcisismo destrutivo, ganância flagrante e vazio espiritual não tardará a vir, sugere Sinclética. Uma vez que desenvolvemos a profundidade necessária para transformar cada momento da vida na consciência do que Deus exige de nós agora, nos tornamos a paz que buscamos. E sabemos que ela está certa: um bom casamento resulta disso, uma educação séria resulta disso, um relacionamento amoroso resulta disso, e a imersão no Espírito também resulta disso.

Comece, ela diz. Comece agora. Comece neste momento da vida, comece em qualquer estágio em que você se encontre. Escolha pôr em primeiro lugar o mais importante, sempre. Abra espaço para a reflexão. Viva segundo as Escrituras. Comece do jeito que você quer que tudo termine. E, então, assim será.

8
Companheiros na jornada

Um irmão questionou Abba Hieracas, dizendo: "Dê-me um ensinamento. Como posso ser salvo?" O ancião disse-lhe: "Fique em sua morada e, se tiver fome, coma; se tiver sede, beba; só não fale mal de ninguém, e você será salvo".

A busca da vida espiritual não é algo que seja um projeto solitário, mesmo quando tentamos empreendê-lo sozinhos. Ter a nós mesmos como guia espiritual promete pouco mais para o futuro do que a infinidade do presente. Ao mesmo tempo, a constante reformulação do mais do mesmo de nossas vidas apenas aprofunda a escuridão dentro de nós. As questões e conclusões que se repetem em nós nos cansam e nos desgastam. Nós nos convencemos de que não há um novo futuro possível para nós, que estamos encarcerados nas prisões que construímos para nós mesmos. E, por fim, a solidão só nos leva a remoer, como vacas ruminando, as dimensões inconclusas de nossa vida. A raiva que não expressamos. Os ressentimentos que não expurgamos. As invejas que ainda estão dentro de nós, como uma lixa em nossa alma.

Em meio à nossa própria escuridão não é de mais repetição que necessitamos. É uma luz original, nova e profunda o que está faltando. Algo que nós mesmos não temos a oferecer. Todas as nossas ruminações pessoais a respeito delas nada fazem para resolvê-las, porque não temos nada de novo para acrescentar à sua análise. Ao percorrermos nós mesmos o velho território, o melhor que podemos fazer ao tentar compreender nossa própria situação é reorganizar a mobília de nossa alma. Então, tornamos a olhar para todas as velhas questões, de um ângulo ou de outro, mas não vemos nada de novo. Não fazemos nada de novo. E, assim, não é surpresa alguma: nada realmente muda.

Como não temos nada de novo para acrescentar à situação, somos incapazes de avançar na areia movediça em que estamos. É mais uma reprise de onde estivemos, talvez, mas não se trata de uma nova direção ou uma nova maneira de ser. É um labirinto sem saída. Ou, como sugere Jeremias (Jr 10,23) e os provérbios afirmam: "Ter a si mesmo para dirigir seus passos é ter um tolo como guia".

Não. Avançar de onde estamos em nossas atitudes rígidas, nossas perspectivas estreitas sobre a vida, requer uma nova visão do terreno espiritual que já percorremos. A alma precisa de um guia para navegar nessas águas profundas. Um bom amigo, um modelo espiritual, um indivíduo santo – todos contribuem com outra maneira de enxergar o que damos como certo, mas não conseguimos desvendar por nós mesmos. O guia espiritual traz um microscópio para examinar as possibilidades e os obstáculos que enfrentamos na vida, mas não somos capazes de reconhecer. Não são espelhos destinados a refletir eternamente o que nós mesmos já sabemos sobre quem somos e o que realmente buscamos. Neste ponto da vida, todos nós precisamos de alguém para nos ajudar a enxergar o que estamos olhando há muito tempo, mas na verdade nunca vimos claramente.

Nenhuma dessas percepções é nova. Todas elas pertencem ao que significa ser humano. Todos nós sabemos a verdade delas intuitivamente pelo menos. Assim como qualquer outra pessoa em todas as épocas antes de nós.

Tanto os Padres do Deserto do século IV quanto os líderes espirituais do nosso tempo, por imersão na própria vida espiritual, conhecem sua arduidade. Conhecem suas armadilhas. Conhecem suas decepções. Conhecem seus obstáculos. Conhecem a dor de querer ser mais do que acreditamos ser. É esse pequeno avanço em direção a Deus que esta história dos Padres do Deserto realmente trata. Mais do que isso, consiste em não se deixar enganar ao longo do caminho.

O ensinamento que o aprendiz pede é simples: como posso ser salvo? E a resposta é ainda mais simples, mas muitas vezes desconsiderada. Ela tem duas partes. A primeira é decepcionantemente direta. É: "Faça o que você faz. Conduza-se bem na sua vida". Dá para ouvir o silêncio estrondoso disso, ver os olhos estreitados do aprendiz, observar aquela alma batalhando com as implicações. A simplicidade da resposta estarrece. "Só isso?", nós nos perguntamos. "Sem nenhuma dificuldade? Nenhum drama? Nada de jejum extremo? Nada de se afastar das pessoas? Nada de sacrificar amor ou felicidade ou segurança pessoal? Então, do que se trata? Eu já faço tudo isso!"

O Santo é claro: não é disso que se trata a salvação, a união com Deus e a santidade. A salvação, Abba Hieracas nos diz, requer apenas que não falemos mal de ninguém. Exige-nos que vivamos em paz e que vivamos na confiança de todo o resto do mundo.

E é aí que a segunda parte da resposta torna-se transformadora: não devemos, nos é dito, nos colocar no lugar de Deus. Não devemos incluir algumas pessoas, mas deixar todas as outras fora do amor de Deus ou de nossa própria vida. Não devemos julgar o outro. Não devemos caluniar o outro. Não devemos desconsiderar o outro. Não devemos fazer de nós mesmos o padrão de decência ou justiça ou da própria religião.

Para este tipo de Sabedoria Sagrada precisamos do conselho do sábio e experiente outro.

Aqueles que já seguiram o caminho de Deus antes de nós têm a experiência de ver onde nos desviamos na vida espiritual. Eles conhecem os caminhos bem trilhados para Deus porque passaram a vida distinguindo um ao do outro. São guias que, se permitirmos, podem ajudar a nos salvar de nós mesmos. Não toleram nenhuma postura tola em nome da santidade. Em vez disso, eles nos direcionam para a domesticação das paixões que nos escondem de nós mesmos. Eles nos salvam de ter um tolo como guia.

9
Volte rápido para sua cela

Santo Antão ensina: "Assim como os peixes morrem se ficarem muito tempo fora da água, os monges que ficam à toa fora de suas celas ou passam seu tempo com os do mundo perdem a intensidade da paz interior. Assim, como um peixe querendo voltar ao mar, devemos nos apressar para voltar à nossa cela, com medo de que, se nos demorarmos lá fora, perderemos nossa vigilância interna".

Na sociedade contemporânea, o termo "cela" está associado apenas a prisioneiros. Ele carrega conotações de punição e cativeiro. Fala de força e controle, de limitações e escravidão. Desperta sentimentos negativos em nós como poucos outros têm capacidade de fazê-lo. Mas a cela do monge não é um lugar de cativeiro: é um lugar de liberdade.

A espiritualidade monástica não exige afastamento do resto da humanidade, mas exige interioridade. No deserto, cada monge tinha um espaço de vida separado comumente chamado de cela. Era uma pequena área em que o eremita passava horas lendo, orando, estudando, pensando ou dormindo. Até hoje, as comunidades monásticas ainda oferecem pequenos quartos individuais onde o religioso pode ficar sozinho, longe das áreas comuns de jantares comunitários, oração e trabalho. É onde o monge, mesmo em uma grande comunidade, pode ir para ficar em silêncio, sem ser perturbado. A cela é onde o indivíduo imerso em pensamentos de Deus e da vida pode ir para ficar sozinho, para buscar a iluminação que o momento ou a tarefa exige. É onde ele vai mergulhar no eu para refletir sobre as coisas, para resolvê--las, para encontrar o Deus do momento presente.

A cela é um lugar precioso na vida monástica, o lugar onde a alma voa livre. Como o peixe de que Santo Antão fala neste ensinamento, é a cela monástica que ancora a alma no lugar. O problema, diriam os Padres do Deserto, é que todo mundo precisa de uma dessas. Todos. Aqueles que saíram para o deserto em busca de orientação espiritual receberam bons conselhos. Os Padres do Deserto não estavam dizendo às pessoas como ser monges. Estavam dizendo às pessoas de todas as esferas da vida – clérigos e leigos – como viver a vida espiritual.

Obviamente, um dos pilares da vida espiritual no que dizia respeito aos Padres do Deserto era um tempo e um lugar para reflexão. Uma cela. Um lugar para onde podemos nos retirar a fim de encontrar nosso caminho de volta aos nossos melhores ideais, nosso eu mais completo, nossa vida com Deus. Um lugar físico, não mental, onde estamos verdadeiramente sozinhos e em paz. A cela é o lugar onde o rebuliço e o caos ficam do lado de fora. É o lugar onde voltamos a entrar em contato com o nosso melhor. É o centro do nosso próprio e privado universo espiritual.

O grande problema espiritual do dia a dia, então, é ser "um peixe fora d'água". Uma vida sem regularidade espiritual flutua no tempo com pouco a que realmente se apegar quando a vida mais precisa de uma âncora. Em vez disso, muitas vezes ficamos presos aos planos de outra pessoa a maior parte de nossas vidas. Deixamos a cela de lado pelo trabalho e seus prazos frenéticos. Esquecemos a cela quando mais precisamos dela e fazemos da diversão um pobre substituto para a reflexão e a oração. Achamos que podemos correr para fazer, ir, encontrar, socializar e ainda permanecer impassíveis e serenos em meio à pressão de tudo isso. E então, nos encontramos olhando para o teto uma noite e pensando: "Deve haver mais na vida do que isso".

O fato é que os seres humanos precisam de descanso espiritual tanto quanto de descanso físico. Os psicólogos lidam diariamente com os efeitos em seus clientes do estresse e da pressão, do trabalho e horários frenéticos, dos escritórios abertos repartidos em cubículos e dos ônibus lotados, do enxame de trens, aviões e automóveis. São pessoas cansadas e preocupadas, zangadas e ansiosas, e todas dizem a mesma coisa: preciso de tempo para mim. Eu preciso ter condições de pensar por um tempo. Eu só preciso de um lugar tranquilo. Nós nos encontramos lutando entre não ter emprego, perder um emprego, tentar encontrar um emprego e sermos sufocados pelo emprego que temos. Nossas contas se acumulam e nossa energia diminui enquanto nos esforçamos para saldá-las.

É precisamente então, quando a vida está mais frenética, mais assustadora, que cada um de nós precisa de um lugar para onde ir, um lugar que nos envolva em silêncio e calma. Não importa quem somos ou o que fazemos, precisamos de um lugar sem confusão e bagunça por todos os lados. Precisamos de uma caverna que seja nossa. Precisamos de um lugar reservado, um lugar pequeno e simples que designemos como nossa porta de entrada para a paz, onde possamos mergulhar em nós mesmos e encontrar o Deus que nos espera lá.

A advertência de Santo Antão é clara: devemos nos apressar para voltar à nossa cela por medo de que, se nos demorarmos do lado de fora, perderemos nossa vigilância interior. Se não fizermos isso, se ficarmos fora de nossas celas, fora de nós mesmos por muito tempo, perderemos nosso rumo. Vamos vagar no atoleiro das distrações. Longe demais do sossego e da calma, esqueceremos o que significa abrir a alma ao Deus que está sempre presente.

10
Cultivando uma consciência contemplativa

Amma Sinclética disse: "Há muitos que vivem nas montanhas e se comportam como se estivessem na cidade, e estão perdendo seu tempo. É possível ser solitário em sua mente vivendo na multidão, e é possível que um solitário viva na multidão de seus próprios pensamentos".

É verdade que a espiritualidade monástica se apega à noção da cela como lugar de quietude e paz interior, de contemplação e união com Deus. Mas também é verdade que o espaço físico em si, embora importante, muito facilmente se confunde com o que se busca de fato. Todas as celas do mundo não nos salvarão de nossa própria falta de disciplina mental e de consciência contemplativa.

A própria linguagem religiosa comumente usa mal as duas realidades. Usamos "claustro" e "contemplativo" como se fossem sinônimos. Assumimos que o claustro – o afastamento físico da interação com os outros – por si só nos tornará contemplativos. Nesse caso, o Jesus que caminhou da Galileia a Jerusalém, esmagado pelas multidões, rodeado pelos doentes, perseguido pelas autoridades e rogado por todos os lados, não poderia ser um contemplativo. Ou, em outras palavras, Aquele que disse: "O Pai e Eu somos Um", quando a especificação do espaço se torna um elemento essencial da contemplação, não se qualifica. Nada na história da espiritualidade confirma essa posição. Os místicos durante séculos descreveram a vida na consciência da presença de Deus como o estado unitivo da vida espiritual.

Mas mais do que qualquer definição, a história é uma prova clara de que alguns de nossos santos mais ativos foram profundamente contemplativos. Foi, de fato, justo a consciência profundamente contemplativa da vontade de Deus para o mundo que os levou a atividades que mudaram o mundo ao seu redor. Catarina de Sena, Teresa de Ávila, Bento de Núrsia, Inácio de Loyola, Hildegarda de Bingen, Francisco de Assis e muitos outros mergulharam na Palavra de Deus e a seguiram.

De fato, Amma Sinclética é clara: ir para as montanhas – se esconder – não fará de ninguém um contemplativo. E morar na cidade também não vai atrapalhar.

A verdade é que onde a mente está é que determina onde o coração pulsa, onde a alma floresce. É o que nos nutre que nos faz crescer além do mundano e nos envia ao coração de Deus. É em nossas mentes que existe o ponto da unidade. "É possível ser solitário em sua mente vivendo na multidão", Amma Sinclética ensina ao que busca orientação. Mas tão importante quanto é entender, quando empreendemos a busca de Deus dentro de nós, que: "É possível que um solitário viva na multidão de seus próprios pensamentos". Ou seja, podemos abafar a presença de Deus em nós usando a separação dos outros para nos concentrarmos apenas em nós mesmos.

A questão é clara: o que trazemos para a busca do Deus da vida é o que obteremos com isso. A regularidade da oração, a profundidade de nossa *lectio*, a adoção do silêncio, o espaço que damos à busca por Deus, a entrega de nossas obsessões com nós mesmos às preocupações de Deus pelo mundo – tudo isso determinará a qualidade da contemplação que alcançamos.

A oração torna-se como o lagar de azeite, a roda de moinho que nos mói repetidas vezes até abrir nossos corações à Palavra de Deus. Então, finalmente, após anos de imersão na oração diária, começamos a ser aquilo pelo que oramos por todos esses anos.

A *lectio*, leitura sagrada, o tempo que passamos mourejando na Palavra de Deus, determina o grau de compreensão que trazemos para a vida que vivemos, onde quer que a vivamos. O silêncio contemplativo é mais do que não falar. É a capacidade de encontrar o centro do eu e entregá-lo à presença de Deus. O verdadeiro silêncio limpa a desordem da alma. Abate o rebuliço que reclama nossa alma e coloca a abertura a Deus em seu lugar.

A quantidade de tempo que dedicamos a todas essas ocasiões da santa busca faz a diferença entre buscar a Deus e se envolver na vida espiritual. Desta forma, possuídos pela presença de Deus, não discutimos mais sobre as definições da vida contemplativa. O Deus interior torna-se o leme, o mastro e a bússola da vida para nós. Então, nós vivemos em Deus assim como temos Deus vivendo em nós.

Nesse ponto, as palavras de Amma Sinclética não nos confundem mais. Elas nos libertam para estar com Deus onde quer que estejamos, porque Deus – finalmente, finalmente, finalmente, como sabemos agora –, Deus está de fato em toda parte.

11
Agentes de Deus na terra

Um dia, Abba Daniel e Abba Ammoes fizeram uma viagem juntos. Abba Ammoes disse: "Quando nós também iremos nos assentar em uma cela, padre?" Abba Daniel respondeu: "Quem nos separará daqui em diante de Deus? Deus está na cela e, por outro lado, também está fora".

A história de Abba Daniel é particularmente interessante. Reduz a nada o espaço entre os Padres do Deserto do século IV e os buscadores espirituais do século XXI. Não mudou muita coisa de fato ao que parece. Para que não sejamos inclinados a pensar que os Padres do Deserto no século IV tinham uma visão comum da vida, é hora de pensar duas vezes. Abba Daniel e Abba Ammoes, o monge mais jovem, estão ambos em um deserto egípcio em um período de grande mudança na sociedade. Eles veem a vida através de dois filtros diferentes.

Abba Daniel, o ancião, o pai espiritual ou guia do jovem, sabe que a vida é um todo. Ele está no deserto há anos. Ele sabe agora que a vida monástica no deserto não é mais protetora da vida espiritual do que seria em qualquer outro lugar.

Abba Ammoes, por outro lado, vê o mundo – a vida fora de sua cela – como seu inimigo espiritual. Ele quer saber quando eles estarão de volta em segurança às suas celas outra vez, espirituais novamente, religiosos novamente. Ele é jovem e gosta de regras e normas sociais para se orientar.

Nós fazemos o mesmo em nosso próprio tempo, ao que parece. Compartilhamos a vida entre o sagrado e o secular. Religião aos domingos: trabalho e diversão todos os outros dias da semana. Cuidar dos pobres quando fazemos nosso imposto: lucrar todos os dias da semana. Em sociedades teocráticas, sociedades em que Estado e Igreja são um, parece funcionar. A programação pública é espiritual. Dias de festa e dias de feriado – festivais religiosos e eventos fora do calendário religioso – são os mesmos para todos. A religião faz parte das estruturas públicas. Mas em um mundo pluralista – um mundo onde nenhuma religião tem preeminência pública – a religião tende a se tornar uma coisa privada. As pessoas agendam, praticam e celebram como bem entendem, muitas vezes sozinhas, sempre separadas de todos os outros.

Mas Abba Daniel é verdadeiramente religioso, verdadeiramente imerso em Deus, verdadeiramente contemplativo. Ele enxerga tudo na vida como a Palavra de Deus, ensinando-lhe algo, exigindo algo dele em troca. "O que pode nos separar de Deus?", ele pergunta ao jovem. Significando, é claro, exceto nós mesmos. Ele não reivindica para si nem diferença nem privilégio. Ele entra em sua cela como a mesma pessoa que saiu dela. Com os mesmos valores, as mesmas obrigações, os mesmos objetivos. Como Jesus, ele entra e sai de sua cela livremente, ele se move facilmente com o mundo ao seu redor. Como Jesus, ele está no mundo, mas não é dele. Ele não se perde em seus valores quando está fora de sua cela.

Abba Daniel, velho monge sábio, sabe que o propósito da vida espiritual não é nos separar dos outros. Pelo contrário, destina-se a nos unir, mas muitas vezes é usada para nos dividir. Somente os realmente espirituais, os verdadeiros religiosos em todas as tradições, sabem que o Deus Único quer que todos sejamos um. Devemos nos identificar com as esperanças e medos, e as necessidades e lutas do mundo inteiro – porque o mundo é de Deus, e nós somos os agentes de Deus na terra. Não, o mundo não pode nos separar de Deus. Só nós podemos fazer isso.

Os Padres do Deserto, imersos nas Escrituras e na mente de Deus, eram unânimes sobre onde Deus está. Deus está em toda parte. Tudo depende de onde estamos. Escondidos em algum lugar com medo de perder Deus no mundo de Deus, perdemos as Palavras de Deus que o mundo tem a nos dizer.

Sabemos que isso é verdade porque vimos como aqueles que acreditam que Deus está apenas nas igrejas, não no mundo, não têm escrúpulos em destruir o mundo. Eles não têm medo de obstruir seus rios, poluir seus céus, matar seus animais e derrubar suas florestas. Eles não se preocupam com o futuro de Deus; eles se preocupam apenas com sua própria "cela", seu próprio tempo, seu próprio amanhã. É um tipo de espiritualidade pálida e nua. Faz da religião o paraíso de uma criatura, mas não sua responsabilidade.

Aqueles que como Ammoes querem o conforto de seu lugar no universo devem ouvir o ensinamento de Daniel. Reconhecer nossa responsabilidade de sermos seus guardiões. Caso contrário, o que realmente sabemos sobre a presença de Deus?

12
A porta estreita

Amma Teodora disse: *"Vamos nos esforçar para entrar pela porta estreita. Tal como as árvores, que se não se ergueram antes das tempestades do inverno não podem dar frutos, assim é conosco; esta presente era é uma tempestade e é somente através de muitas provações e tentações que podemos obter uma herança no Reino dos Céus".*

Amma Teodora é uma mulher para os nossos tempos. Ela sabe que nenhuma regra religiosa por si só pode nos tornar pessoas verdadeiramente espirituais. Ela sabe que não é o que fazemos para satisfazer nossas obrigações religiosas que nos torna santos. É, em vez disso, o que fazemos quando parece impossível fazer qualquer coisa para tornar o mundo o lugar que Deus quer que seja. É tornar o mundo de alguma forma religioso que testa a coragem em nós. Então, podemos ver o efeito das práticas religiosas que mantemos. E passamos a saber o que significa "entrar pela porta estreita".

"Esta era é uma tempestade", diz ela, "e é somente através de muitas provações" que podemos construir o Reino dos Céus em tempos como este. É o caráter, ela nos diz, é a qualidade do bem em uma pessoa, o que é verdadeiramente espiritual e é exigido em tempos difíceis.

A palavra das Ammas do Deserto para nossa época é importante: para sermos pessoas verdadeiramente espirituais em nosso tempo, a religião mecânica não serve. Somente aplicando a Palavra de Deus às questões do dia a dia podemos esperar ter condições de nos declarar discípulos hoje. As questões que enfrentamos agora confrontam todos os valores que o Evangelho prega. Imigração, pobreza e igualdade testam a própria realidade do discipulado. Como podemos praticar a hospitalidade em um mundo globalizado, onde o refugiado desvalido seguiu as colheitas comerciais retiradas de seu próprio país para as latas de lixo deste? Como podemos afirmar que nos importamos e não dizer nada sobre assistência aos refugiados? O que fazemos para aliviar a pobreza quando o dinheiro corre para o topo da pirâmide econômica enquanto os benefícios de alimentação para os pobres são reduzidos? Como podemos nos chamar de cristãos e não dizer nada sobre o enorme desequilíbrio econômico? Em que valores cristãos nos apoiamos quando negamos à metade da população do mundo – as mulheres – salários iguais, representação política igual e proteção contra estupro e violência doméstica?

Ler Amma Teodora e ignorar a responsabilidade é impossível. A virtude, diz ela, requer o teste dos valores cristãos. E aqueles que não os defendem, não os têm.

Sim, as tempestades fortalecem, ela admite, mas também podam. Varrem madeira morta e raízes fracas. Deixam de pé como árvores vivas e frutíferas apenas aqueles que resistiram ao furioso furacão do mal que os cristãos enfrentam em tempos como estes. Quando os pobres, os deslocados e as mulheres são simplesmente dispensados em vez de libertados e os cristãos não têm nada a dizer sobre isso, o Evangelho não está sendo pregado. Quando o cristão não faz nada para mudar essas coisas, sua religião é puro teatro.

A imagem com a qual Amma Teodora nos confronta é uma imagem de resistência diante de um grande e estrondoso poder. "Erga-se!", ela diz. Faça o trabalho realmente valoroso do cristianismo. Diga "não" à opressão, diga "sim" à justiça e sempre à igualdade. Não busque o caminho fácil da conformidade com o poder social. Desafie os poderosos que sufocam os pequenos. Entre pela porta estreita, a porta da luta junto àqueles que lutam. Entre pela porta estreita da recusa em conspirar com a dominação. Apoie aqueles que nadam contra a maré do preconceito e rejeitam a noção de inferioridade natural. Em outras palavras, siga o caminho de Jesus. Não leia simplesmente o Evangelho, exija que, onde você esteja, passos sejam dados para pô-lo em prática. Para o bem de todos nós.

O mais interessante de tudo sobre esta história, talvez, é que Amma Teodora não promete vitória ou sucesso imediato ou nem mesmo muito em termos de apoio público. Ela fala sobre os frutos do ano vindouro, ainda crescendo nas árvores recém-fortalecidas que sobreviveram à tempestade. Ela fala sobre entender que cada um de nós é apenas mais um passo para a plenitude do Reino de Deus. Podemos não ver a vitória, ela sugere, mas isso é irrelevante. O que conta é simplesmente que façamos a nossa parte para que isso aconteça.

Há outra história sobre esse assunto que Amma Teodora não conhecia, mas acho que teria adorado se a tivesse ouvido. É da Escritura da Natureza:

"Quantos flocos de neve são necessários para quebrar um galho?", a velha coruja perguntou ao floco de neve.

"Não tenho a menor ideia", respondeu o pequeno floco de neve.

"Então, se você não sabe se pode fazer isso, por que continua?", a coruja pressionou.

"Porque", respondeu o pequeno floco de neve, "quero fazer minha parte".

Todos nós temos nossa parte a fazer para mudar o mundo. Do jeito que for. O grande problema espiritual está em entender isso. Então, como o floco de neve, devemos usar nossa vida para fazer nossa parte na mudança do mundano para o Reino de Deus.

13
O amor prevalecerá

Abba Pambo disse: "Se você tem um coração, pode ser salvo". A simplicidade absoluta deste ensinamento vindo de um deserto dezoito séculos antes de nós é em si uma mensagem. Certamente uma afirmação como esta não pode estar correta. Não em uma sociedade que se importa mais com o que se tem do que com o que se é a cada momento global.

Afinal, uma coisa sabemos no Ocidente: não importa o que façamos e que outros exijam vingança, podemos nos salvar. Não importa o que deixemos de fazer e que outros requeiram reparação, podemos salvar a nós mesmos. Nem vingança nem reparação nos preocupam. Afinal, o que temos é poder. Força. Armamento inédito, inimaginável por qualquer pessoa no globo. Podemos exterminar sociedades inteiras, suas mulheres e crianças com elas. Podemos varrer nossos inimigos do mapa. Podemos resistir ao desprezo, ao desdém, ao desgosto do mundo inteiro.

E até que façamos isso, não teremos ideia de como estaremos nos destruindo ao mesmo tempo. Todas as nossas relações com o resto da raça humana terão sido destruídas. Todos os dons que vêm dos dons de outras culturas ao nosso redor no mundo serão suspensos. Todo o sentido de ser humano com humanos em todos os lugares terá sido perdido. Tudo aquilo que precisamos, dos serviços do resto do mundo, se queimará nas chamas que ateamos. E sobreviveremos para viver na nova Idade das Trevas que criamos. E, assim, não iremos realmente sobreviver.

Não, as armas não nos salvarão. A força não é a nossa resposta. O poder é impotente para resolver qualquer coisa pela força, porque eventualmente ele se consumirá. Como Esparta, quando tudo é voltado para as forças militares, todo o resto acaba se deteriorando: a infraestrutura de um país, os serviços sociais de um povo, o sistema educacional que faz de uma nação uma força dinâmica na comunidade mundial e, acima de tudo, o sentido de propósito moral, justiça global e igualdade social que torna uma nação forte.

Em que podemos então enraizar nossa esperança? O que nos salvará quando não tivermos mais nada além de poder com o qual abrir caminho pela comunidade da vida? De quem podemos esperar compaixão se nós mesmos não temos uma história de perdão? De onde podemos esperar compreensão, se tudo o que temos a oferecer ao mundo é retaliação sem fim?

A única coisa que pode nos salvar, Abba Pambo nos diz, é o que temos dentro de nós. Apenas uma dimensão da vida pode nos salvar de nós mesmos. Abba Pambo é claro: "Se você tem coração, pode ser salvo".

Para o mundo antigo, o coração era mais do que a sede dos sentimentos humanos, mais do que um ícone da emoção humana como provavelmente o consideramos agora. O coração, para os Padres do Deserto e a cultura ao seu redor, era o ponto de interseção espiritual que tornava o humano, humano. Do coração vinha a fonte do espírito e da ação, do discernimento e da vontade, da sensibilidade e do significado – que levavam o indivíduo à plenitude da vida. Carecer de qualquer uma dessas dimensões da vida era carecer do que é preciso para se viver conscientemente, espiritualmente e com amor.

A emoção ilimitada, por mais importante que o sentimento seja para a orientação humana, é uma abordagem insuficiente para qualquer questão. Ela nos conecta aos sentimentos do mundo, uma dimensão essencial para entender o impacto de nossas ações sobre os outros, mas não resolve a situação. A compreensão e as emoções não mudam o passado nem curam o presente. Somente a conversão do espírito pode fazer isso.

A percepção de um problema pode muito bem sugerir uma direção a partir dele. Mas a apreciação intelectual de um problema nos dá, no máximo, uma série de opções de ação. Simplesmente fazer algo de forma diferente não garante que a mudança de direção por si só resolva um problema. Na verdade, más escolhas podem piorar os problemas. A Alemanha da Segunda Guerra Mundial passou da democracia à ditadura, ao militarismo, à destruição total e à derrota em um período de dez anos. As opções são claramente apenas parte de qualquer solução.

No final, só o espírito determina o que devemos trazer para cada situação. É o que temos dentro de nós que determina se temos o que é preciso tanto para salvar uma situação quanto para nos salvar.

Se o espírito é bom, impregnado da Palavra de Deus e vivificado por sua misericórdia, então a situação é solucionável. O amor prevalecerá e, ao mesmo tempo, a justiça será feita.

Se o espírito é mau, nenhum bem virá dele. Fechado ao outro, movido por emoções mergulhadas em veneno, inclinado à destruição e não ao desenvolvimento, a situação só vai piorar. Se o controle, em vez da conversão do coração – tanto o nosso quanto o do outro – é seu objetivo, esse tipo de espírito só piorará uma situação ruim.

Quando o coração azeda, o ser humano se extravia, a humanidade murcha diante de nossos olhos, e a salvação de nosso pequeno e ferido mundo terá que esperar por outro alguém. Alguém, como disse Abba Pambo, com coração.

14
Mergulhando na Palavra de Deus

São Poemen disse: "A natureza da água é suave, a da pedra é dura; mas se uma garrafa é pendurada na pedra, deixando a água cair gota a gota, ela desgasta a pedra. Assim é com a Palavra de Deus; é suave e nosso coração é duro, mas quem ouve a Palavra de Deus muitas vezes abre seu coração a Deus".

Os Padres do Deserto, vivendo em lugares inóspitos sob um sol ainda mais inclemente, compreendiam o que era lutar com as exigências do eu. A vida que levavam não buscava o conforto físico. Eles não se concentravam na segurança pessoal. A aprovação pública não era o que os movia. Não, os Padres do Deserto viviam para submeter a própria alma. Eles se olhavam nos olhos e encaravam o que viam. Se era impaciência, eles se propunham a domá-la. Se era a raiva que os atormentava, eles se dedicavam a purgar o veneno interior. Se a lassidão os sobrecarregava, eles se impunham níveis ainda maiores de prática, níveis ainda mais profundos de oração.

Mas, acima de tudo, eles se voltaram para as Escrituras como o modelo de vida que poderia sustentar todos os fardos e alcançar todas as profundezas da alma. E eles viviam nelas – noite e dia, dia e noite. Mas por quê? E como? Eles fizeram isso para expor a mente de Deus para o mundo. A maneira como eles fizeram isso e o método que deixaram para nós é a imersão total.

O segredo para o estudo monástico das Escrituras é a repetição até o ponto de recordação total. É uma questão de ler as Escrituras de manhã, ao meio-dia e à noite todos os dias. É a colocação diária do *eu* na presença de Jesus para nos tornarmos o que vemos.

Este diálogo contínuo da alma com a Palavra, de um ano para o outro, desafiava todos os seus pensamentos, desejos e reações. Isso os conduziu através de cada fase e estágio de si mesmos até que todo o sumo da Palavra se infiltrou em suas almas para nunca mais ser esquecido. O modelo do Jesus vivo estimulou suas almas a cada estágio.

Quando eram jovens, o que enxergaram no modo como Jesus contendeu com as autoridades religiosas de seu tempo foi, no mínimo, um exercício de coragem. Ao mesmo tempo, com o passar dos anos, eles também viram uma lição igualmente forte no desacordo probatório, mas gentil. Eles cresceram de *insight* em *insight* a cada apresentação do mesmo Evangelho, repetidamente. Eles cresceram de forma gradual e contínua à medida que cada nova exposição à Palavra os alçava da infância espiritual transformando--os em visionários.

O crescimento, no modelo monástico, é um processo lento, fruto da experiência, e moldado pela escuta. Em primeiro lugar, e sobretudo, o Padre do Deserto escutava o guia espiritual cujos anos no deserto eram sinal de perseverança na vida espiritual. O pai ou mãe espiritual, o Abba ou a Amma, eram aqueles que sabiam o que era tentar e falhar, mas tentar novamente. Testados por anos de fidelidade àquele modo de vida, eram sinais vivos da eficácia da vida no deserto na formação de pessoas santas.

Pessoas das cidades, bem como discípulos que estavam considerando o compromisso com a vida, afluíam a eles em busca de orientação espiritual. Os ensinamentos eram obviamente tão importantes para a pessoa comum quanto para aqueles que pretendiam seguir a vida eremítica. O fato de tais ensinamentos terem tocado pessoas de todos os níveis de vida diz muito sobre seu valor essencial para elas e para nós, tanto naquela época quanto agora. Os Padres do Deserto não estavam recrutando; estavam levando todo um nível da sociedade a um poço espiritual vivo. E, ao que parece, eles ainda falam conosco.

Curiosamente, não foi o ascetismo que destacou os Padres do Deserto como mestres espirituais. Foram os princípios básicos de que falavam – fruto do jejum e oração – que se tornaram seu legado espiritual. Seu compromisso com o rigor religioso e a natureza selvagem esmaeceram no impacto junto ao público com o passar dos anos, mas seus ensinamentos tornaram-se cada vez mais importantes. Ali estavam pessoas que, tendo vivido uma vida difícil, isolada da sociedade em geral, tinham palavras de sabedoria para a sociedade que quase nada poderia igualar. E essa Palavra era o que significava pensar como Jesus pensava e tornar-se outra presença de Jesus no mundo. Agora. De novo. Recentemente. Através de nós.

A vida espiritual, eles ensinavam, era permitir que a Palavra de Deus, a vida de Jesus, se infiltrasse em suas almas. Aqueles endurecidos pelos valores do mundo poderiam então ser suavizados, dia a dia, pelas palavras de Jesus. Era uma questão de ouvir repetidamente: "E Jesus, olhando para eles, o amou", ou Jesus dizendo: "Não os mande embora", ou Jesus orientando: "O povo está com fome; dai-lhes vós mesmos de comer" – e pegar o barro da alma humana e o amolecer.

Neste ponto, São Poemen sabia, a dureza do coração desapareceria diante da Palavra de Deus e o mundo se tornaria novo porque, desta vez, seria a nossa presença que o tornaria assim.

15
Paixões que estão à espreita

Abba Zósimo disse: *"Um sábio disse muito bem, certa vez, que a alma tem tantos mestres quanto paixões. E também o apóstolo diz: 'Cada qual é escravo daquilo que o domina'" (2Pd 2,19).*

É difícil para a mente moderna imaginar que o tempo em um deserto egípcio poderia ser o momento mais difícil, atormentador e desconfortável da vida espiritual de uma pessoa. Mas os Padres do Deserto sabiam muito bem. Entrar no deserto era "lutar por Cristo". Era o momento de grande retirada do mundo, mas não porque o mundo fosse necessariamente ruim. O problema estava no fato de que o barulho e a atividade do mundo tinham a capacidade de distrair os buscadores do maior problema de todos: eles mesmos. Os Padres do Deserto foram para o deserto não para escapar dos pecados do mundo, mas para enfrentar os seus próprios.

A lição é crucial para nós e para eles, para este século, bem como para qualquer século antes de nós. A grande verdade espiritual é esta: dentro de todos nós está a verdadeira luta de nossa vida. Não é o inimigo ao lado que é o grande inimigo espiritual de nossa vida; é como *lidamos* com o inimigo ao lado que determina a qualidade de nossa própria alma e o sentido de nossa vida. Ou, em outras palavras, não é a riqueza e as tentações que vêm com o dinheiro que são o problema, é a maneira como lidamos com o dinheiro que é o problema. Ou a maneira como lidamos com a raiva. Ou a maneira como lidamos com a impaciência, talvez.

Em outras palavras, são nossas próprias paixões que nos "espreitam" no silêncio de nossos desertos. São as seduções e excessos a que nos entregamos ao longo da vida que realmente determinam seu caráter e tom. A felicidade, os Padres do Deserto sabiam com uma perspicácia feroz, não vem de fora de nós mesmos. A felicidade é fruto do grau de paz e contentamento que desenvolvemos dentro de nós.

A linguagem desta definição monástica de felicidade é diferente da nossa, mas clara, no entanto: Zósimo diz: "A alma tem tantos mestres quanto paixões". Mas em sua época, neste caso, a palavra paixão não tem as conotações de ardor, fervor ou espírito no sentido de excitação. Paixão para o Pai do Deserto significa "uma ferida da alma"; as inclinações em nós que, se não forem controladas, só podem trazer angústia. Essas são as ressacas do espírito humano que, se cedermos a elas, trazem sofrimento sobre nossa própria cabeça.

É um aviso ecoado ao longo da história inicial da espiritualidade. Juliana de Norwich em seu *Revelações* sintetizou-o da melhor forma. "Deus não pune o pecado", disse

Juliana, "o pecado pune o pecado". E quem que já tenha lutado com seus vícios, emocionais ou físicos, não sabe a verdade disso! Curar-nos dos impulsos em nós que estão nos comendo vivos é muito mais difícil do que ser cativo deles em primeiro lugar.

Os abbas e ammas do Deserto não hesitaram em nomear o que a tradição cristã mais tarde chamaria de sete pecados capitais: ira, gula, luxúria, ganância, inveja e, em linguagem do deserto, vanglória e acédia. Os avisos são tão importantes hoje como eram nos desertos séculos atrás.

A raiva corrói nossas entranhas. Ela se recusa a abandonar velhas mágoas e novos medos até que nosso coração se transforme em pó pela chama furiosa que acende dentro de nós.

A gula nos leva a nos empanturrar de comidas apetitosas e bebidas finas. O gosto se torna o centro de nossas vidas e nos torna prisioneiros de nossas barrigas. A busca por satisfação nos absorve.

A luxúria que torna o amor impossível e deixa a paz da alma em frangalhos impede qualquer tipo de contentamento espiritual e faz com que o dom do amor verdadeiro seja inatingível.

A ganância destrói a própria alegria que se propõe a alcançar. A segurança é uma esperança passageira se ela significar que devemos sempre ter cada vez mais de tudo.

A inveja tira a alegria de viver. A vida de todos os outros envenena a nossa. Acreditamos que nossa vida não é boa o suficiente, não é abençoada o suficiente, não é completa o suficiente, não é aclamada o suficiente. E assim nos afogamos em nosso próprio despeito.

A vanglória – a ostentação e a presunção de lugar – nos condena ao desapontamento ao ver outros, mais realizados e mais humildes, receberem os aplausos que reservamos – melhor, *requeremos* – para nós mesmos.

E a acédia – letargia, passividade e estagnação – sufoca nossas almas. A alegria natural e a energia vital morrem ao nascer. A verdadeira felicidade, a felicidade que vem de um senso de propósito e da plenitude de Deus, requer mais atenção do que o vigor espiritual que temos para gastar com isso. Nós simplesmente não nos importamos muito com nada. Estamos morrendo em nosso torpor, sem contato com a vida, sem contato com nós mesmos, sem contato com Deus.

Então, o aviso de Zósimo ganha vida aqui e agora, bem como fez outrora: "As pessoas são escravas do que as domina", ele nos ensina. É certamente um chamado para as crianças mimadas do século XXI, para quem o excesso é uma expectativa natural. E que, como resultado, nunca se fartarão. Se a verdade deve ser conhecida, é um chamado para nos libertarmos de nós mesmos a fim de que possamos realmente viver.

16
Escolha sua vida

Perguntaram a Abba Ammonas: "Qual é o caminho estreito e difícil?" (Mt 7,14). "O caminho estreito e difícil é este: controlar seus pensamentos, despojar-se de sua própria vontade por amor a Deus. Este é também o significado da frase: 'Eis que deixamos tudo e te seguimos'" (Mt 19,27).

Os Padres do Deserto são tão deliciosamente diretos: sem jargão aqui, sem retórica pomposa, sem clichês teológicos. Apenas uma resposta, clara e sem adornos. Quando um aprendiz pergunta a Abba Ammonas como viver a boa vida, a vida que Jesus está falando no Evangelho, sua resposta é simples: primeiro, depende de que tipo de coisas você pensa. Em segundo lugar, depende do que você faz. Por fim, depende de *por que* você faz o que faz. Fim de discussão.

O caminho estreito e difícil, diz ele, é um caminho reto e estreito. Não admite comprometimento parcial, nem espiritualidade intermitente. É uma direção definida, não uma discussão teológica. Não se trata de especulação ou enigmas teológicos; trata-se de uma determinação pessoal de viver a vida de uma forma e não de outra. Significa que devemos decidir exatamente como queremos que nossa vida seja – e então, devemos decidir o que será necessário para conseguir isso. Queremos ser honestos? Esperamos ser pessoas espirituais? Devemos vender todos os nossos bens também e dar aos pobres? E se sim, daí o quê? Ou a vida será uma experiência de acertos e erros seguidos, às vezes boa, mais frequentemente medíocre?

O significado deste ensinamento é difícil de ser malcompreendido. Não é para nos confundir ou nos enganar nem nos levar a especulações filosóficas. Em vez disso, a resposta é clara e inequívoca: a vida não é um acidente. O que acontece conosco acontece porque escolhemos – ou deixamos de escolher. Qualquer que seja, no final, é uma escolha. O que Abba Ammonas está nos dizendo aqui é que não esbarramos por acaso na vida com Deus. Não fazemos experiências com a boa vida. Precisamos escolhê-la. Conscientemente. Com certeza. Com determinação.

Em sua referência à resposta de Jesus às perguntas sobre o propósito da vida, Abba Ammonas fala sobre duas portas para a vida. Ambas abrem para uma estrada. A primeira estrada, marcada por uma grande porta, é larga e indefinida. Grandes grupos de pessoas passam por ela, sem saber para onde ela conduz, não muito preocupadas com o que ela exigirá, mas dispostas a segui-la, por nenhuma razão específica a não ser o fato de terem de ir a algum lugar. Então, por que não concordar com todos esses outros que acreditam que um pouco de teologia é suficiente e que teologia demais é enfadonho?

Para este grupo, a vida é no máximo uma aventura. Passamos pela vida arrastados para um lado ou para o outro conforme a inclinação da multidão. Aonde todos vão, nós vamos. É mais fácil assim. Explicamos nossas decisões de vida com o argumento adolescente de que "todo mundo está fazendo isso". E assim, portanto, nós também devemos fazer. Vamos, em outras palavras, fazer parte da multidão. Para sermos queridos. Para seguir em frente. Para sermos um sucesso. Ou pior: para sobreviver sem muito esforço. Ou talvez para se destacar na multidão. Ou resistir ao fluxo vazio da humanidade para fins ainda mais vazios. E, verdade seja dita, não há nada de errado em ir nessa direção. Exceto a mediocridade. Exceto por permitir que outros escolham sua vida, seus valores, seus objetivos por você.

Para quem escolhe o caminho menos percorrido, porém, aquele que se abre pela porta estreita, há um final melhor à vista. Existem padrões que devem ser mantidos. Há grandes figuras espirituais a seguir. Há grandes Ammas e Abbas espirituais de quem aprender. Existem práticas que podem moldar a alma, aguçar a mente e suavizar o coração à medida que avançamos.

Não é um caminho fácil. Tem um propósito. Exige preparação. Busca única e tão somente uma coisa: a realização da vontade de Deus neste mundo e no próximo.

Os seguidores desta estrada não pensam no sucesso aqui nesta vida como o sucesso que procuram. Eles não pensam no poder como razão ou direito de fazer qualquer coisa. Não buscam o lucro sozinhos enquanto tantos são pobres.

Não saciam seus sentidos; nutrem suas almas. Vivem vidas que têm significado para os outros, bem como alegria para si mesmos. Sabem que só Deus vale a jornada. E eles estão felizes com o "suficiente", felizes em servir em paz uns com os outros e cheios do tipo de amor que torna o mundo inteiro um.

No final, o mundo é mudado por esses poucos. Eles sustentam a luz no alto para um mundo mergulhado na escuridão seguir. Entoam aleluias que lembram ao mundo o que realmente é tesouro, seu fim. Eles trazem Vida à vida.

17
Tentações benéficas

―❀―

Abba Zósimo costumava dizer: "Tire os pensamentos e ninguém pode se tornar santo. Quem evita as tentações benéficas está evitando a vida eterna.

"É como eu sempre digo: como Ele é bom, Deus nos proporcionou tirar proveito de tudo. No entanto, nos apegamos e fazemos mau uso dos dons de Deus; e assim transformamos essas mesmas boas dádivas em destruição por meio de nossa má escolha e, assim, somos prejudicados".

―❀―

Na reflexão de Abba Zósimo sobre a vida espiritual encontra-se uma visão original e inspiradora. Todas as coisas são de Deus. Todas as coisas. Tanto boas dádivas quanto tentações benéficas. Nenhuma delas é certeza de destruição espiritual. Nem qualquer uma delas garante a integridade. Tudo depende do que fazemos com elas – tanto as dádivas quanto as tentações – à medida que surgem.

Ter a dádiva do silêncio, por exemplo, não é garantia de que o que fazemos com o silêncio que desejamos realmente beneficiará o aperfeiçoamento de nossa alma. Se o gastarmos em tumulto interior – em tramas e esquemas destinados a nos tornar ricos ou poderosos, em tempestades emocionais e turbulências porque nossos últimos esquemas foram frustrados –, então o próprio silêncio se torna um problema para nós. É cacofonia espiritual em sua pior forma. Parece bom, mas na verdade é prejudicial para nós porque permitimos que o silêncio seja corroído.

Mergulhados no meio de nossos demônios – inveja ou orgulho, por exemplo – ficamos apenas mais presos neles, por mais segredo que guardemos sobre o domínio que eles têm sobre nós. Mesmo agora. Mesmo aqui.

É o que abrigamos do passado em nossas almas que muito facilmente se torna o caráter de nossas almas hoje. De fato, um silêncio como esse não é o silêncio que traz a paz. Este não é o silêncio que traz a compreensão. Não são momentos de autoconhecimento e compromisso renovado. Não são ocasiões de descanso nos braços de Deus. Não, estes são os momentos que ainda precisamos derrubar. Em vez disso, eles continuam queimando nossos corações e marcando nossas almas nas brasas de outros tempos. Esses são os momentos que nos tornam nossos próprios carcereiros espirituais. Quando não os dissipamos, eles continuam queimando em nossos corações. E nos perguntamos por que nossas almas murcham!

Os Padres do Deserto chamavam de "demônios" a tendência em nós de corromper o coração humano, de desviar a mente das coisas que importam. O que acontece em situações como essa é que algo bom – uma propensão ao silêncio – se transforma em uma rendição aos demônios internos. Ao mesmo tempo, esses nossos santos ancestrais não consideravam essas lutas com nossos demônios como medidas de fracasso. Pelo contrário. Como diz Abba Zósimo, existem coisas como "tentações benéficas". De cada luta, o bem deve vir, não o mal.

Se não lutarmos contra os vícios da alma – luxúria, raiva, inveja, orgulho, poder, preguiça, egocentrismo –, nunca seremos realmente livres. Nunca conheceremos o valor daqueles que, tendo lutado eles mesmos, no final escolheram conscientemente outro caminho.

Nunca entenderemos as profundezas da verdadeira humildade até que conheçamos as armadilhas do orgulho, o vazio do falso eu que desfilamos diante do mundo, não desafiado e inflado. O *eu* que fabricamos para nós mesmos, infundado e vazio, não tem poder para nos salvar de nós mesmos.

A tentação é o dom da possibilidade. Leva-nos às encruzilhadas da vida e exige que escolhamos uma direção em vez de simplesmente cair em uma. Faz da virtude – força espiritual – uma realidade em vez de mera palavra.

Acima de tudo, para aqueles a quem a escolha é longa e dolorosa – anos de vício, uma vida cheia de ilusões de grandeza, a praga contínua da luxúria insatisfeita sem o antídoto calmante do amor verdadeiro –, ao mesmo tempo há outro tipo de dádiva. O dom de continuar.

O dom da perseverança na jornada para a plenitude é o tesouro do espírito humano. A santidade, como tudo na vida, não é um evento. É um processo de conhecer o barro do eu e depois transformá-lo em algo belo. Essa coisa chamada união com Deus, santidade não é uma espécie de corrida de obstáculos religiosa. É uma questão de vencer a disputa com o *eu* que nos leva ao melhor em nós. Tornar-se santo não é uma tentativa de se tornar outra pessoa. É sobre nos tornarmos a plenitude de nós mesmos.

O adversário na disputa para se tornar tudo o que devemos ser não é Deus. Não é contra a vontade de Deus para nós que lutamos. O Deus que nos fez conhece o barro de onde viemos e nos dá uma vida inteira para moldá-lo. Não, como Abba Zósimo sabe muito bem, somos nós mesmos que estamos entre uma vida vazia e uma vida com Deus.

Quando finalmente nos entregarmos à competição vitalícia entre o que queremos fazer na vida e o que queremos ser, então descobriremos que já estamos nos braços de Deus.

18
O valor espiritual da rotina

São Poemen dizia sobre São Pior que ele fazia de cada dia um novo começo.

Em um mundo apressado de múltiplas opções e o mito das possibilidades ilimitadas, esta gota de sabedoria sobre o que significa estar totalmente vivo perde-se com facilidade no meio da confusão. A vida moderna oferece duas dimensões mais comuns pelas quais se orientar: a primeira é abandonar o que não nos estimula. O próprio pensamento de que pode haver algo a aprender na monotonia do "agora" que poderia moldar nosso futuro de formas muito mais promissoras simplesmente nos foge à compreensão. O segundo convite, por outro lado, é seguir em descompasso numa espécie de balé subaquático que vem do nada e nunca termina. Ambas as alternativas sugam por completo a vitalidade.

Se a novidade é o elixir da vida, se não houver este estímulo, não queremos tomar parte. E com isso podemos nos privar do valor espiritual da rotina, de simplesmente sermos capazes de nos entregar ao momento sem a tensão que resulta de ter que lidar com uma diferença após a outra todo dia.

Por outro lado, se o desafio se tornou a referência para nossa vida, o que *poderia* acontecer torna-se mais importante do que o que *está* acontecendo. Como consequência, a tensão que advém do medo da desgraça iminente sufoca a qualidade do presente. Ela desperdiça o que poderia ser um bom momento para apreciar o presente com a preocupação com um futuro que ainda está por vir.

É precisamente aqui que São Poemen e São Pior, dois dos primitivos guias espirituais mais requisitados do deserto, ressurgem. Como fizeram em épocas passadas, suas vidas e sabedoria que parecem tão diferentes das nossas, vêm para nos auxiliar a encontrar um caminho para transitar por uma existência hoje cheia de pavor e desastre por todos os lados. Os Padres sabem que a vida é o que vem de dentro de nós, não o que se agarra aos meandros do nosso coração, exigindo nossa atenção e esgotando nossos recursos.

Nesse clima de tédio espiritual, de sensibilidades entorpecidas, a monotonia assume as rédeas. E é a monotonia que sufoca a alma. Entediados, deixamos de ver a beleza entre nós. Entediados, ignoramos o chamado do mundo por nossa atenção. Entediados, nós mesmos nos tornamos letárgicos, incomunicáveis, e indiferentes às necessidades e questionamentos dos outros.

Então, qual é a cura para tal retração da alma? São Poemen é claro: devemos sempre nos lembrar de fazer de cada dia da vida um novo começo. É essa mente de principiante – esse estágio de alerta perpétuo – que nos mantém em sintonia com a melodia do resto do mundo.

Então, não podemos nos dar ao luxo de nos tornarmos o mundo para nós mesmos. Mas, oh, que tentador é o desejo de me libertar dos planos da raça humana! Pense só: não ter mais necessidade de se manter a par dos acontecimentos de hoje. De quem está fazendo o quê. Ou quem está ligando e quer que retorne a chamada. Ou qual poderia ser uma forma melhor de fazer o que estamos fazendo. Ou quem vai cuidar de famílias que foram parar nas ruas, onde não ter endereço é o pior endereço de todos. A vida, decidimos, é simplesmente um perambular longo e lento até a eternidade. E enquanto isso o problema é de outra pessoa.

O chamado dos Padres do Deserto é totalmente diferente do chamado à irresponsabilidade como aquele com que estamos brincando no momento. É um chamado para começar de novo, todos os dias de nossas vidas, a completar o trabalho na terra que o Criador iniciou para que concluíssemos. A vida é um empreendimento comunitário. O que não fizermos pelo outro, não será feito por nós. Nossos interesses afetam o mundo. E suas necessidades afetam as nossas. O individualismo patológico, o chauvinismo e a superioridade racial são o flagelo da raça humana. O fato é que simplesmente não podemos existir em um mundo voltado para nós mesmos.

Todos os dias, como São Poemen, devemos começar a rever nosso papel na criação do mundo, no desenvolvimento da raça humana e na preservação do planeta. Para qualquer um de nós, isentar-se dessas obrigações é como a história de Caim e Abel, e nos apresentar diante do coração partido de Deus para julgamento. Devemos, todos os dias, começar de novo a perceber mais uma vez que somos "guardiões de nosso irmão" e iniciar do zero para tornar real esse chamado à cocriação.

19
Quem é o seu Deus?

São Sisoé diz: "Busque a Deus, e não onde Deus reside".

Bem lá no fundo, na parte mais recôndita do nosso coração, algo nos chama eternamente além do presente, acima do mundano. Qualquer que seja nossa situação, isto nos impele a mergulhar em um período de reflexão sobre o propósito da vida e o significado de nossa própria existência. Logo, uma coisa se torna evidente: a vida é uma jornada cujo ponto-final está sempre distante. Quanto mais temos, mais queremos. E então surge a percepção: mesmo que tenhamos conquistado tudo que vale a pena ter na vida, nenhuma dessas coisas jamais irá satisfazer o vazio interior.

Não importa o que nos atraia ao longo do caminho – dinheiro, posição social, liberdade, poder, até mesmo a vida espiritual –, no fim, tal coisa nos ilude. Nenhuma delas vai durar. Nenhuma delas garante satisfação total. Por mais que possamos estar de posse de todas as bugigangas da vida, sempre ainda haverá um desejo por outra coisa.

Então, damo-nos conta de que o que buscamos não pode ser empacotado e guardado. A vida dá voltas e reviravoltas, transborda de vitalidade, e então perece uma morte fulminante, nos satisfaz e nos decepciona novamente até que, por fim, aprendemos a buscar o que é, mas não pode ser possuído.

Mesmo a religião, São Sisoé adverte os discípulos, muitas vezes vem camuflada. Os milhares de discípulos que acorreram ao deserto para aprender com os Padres do Deserto como ser santos, como viver uma vida melhor, encontraram ali pouco conforto na fórmula religiosa. Os Padres do Deserto não vendiam amuletos ou modelos de oração, devoções secretas ou ascetismos que transformam vidas. Eles não nos encaminham para o guru espiritual da atualidade. Eles não nos vendem o mantra mais recente. Eles olham apenas para o nosso compromisso pessoal de encontrar o Deus da Vida. Os Padres do Deserto ensinavam apenas o que significava viver na presença de Deus.

As práticas religiosas devem ser guias para o Deus vivo, Aquele que vive em nós, e respira em nós, e caminha conosco pela vida, por mais árida que seja a jornada. Mas elas não devem ser fins em si mesmas. A consciência da presença de Deus e as práticas destinadas a desenvolver a consciência são duas coisas diferentes. O problema, São Sisoé sabia, é que é fácil confundir as duas.

O fato de se repetir incessantemente uma prática espiritual não significa acreditar que a repetição em si nos conecta à mente de Deus na vida. Pelo contrário. As práticas espirituais servem apenas para nos lembrar da presença de

Deus no momento. É quando nos elevamos além da dor do momento para uma compreensão do que o momento traz para o nosso próprio crescimento espiritual que nos tornamos pessoas verdadeiramente espiritualizadas.

Uma coisa é empreender uma peregrinação ao deserto para encontrar Deus. Outra é estar aberto a encontrar Deus onde estamos. Então, tornamo-nos o que o desafio do momento nos convoca a ser. E é aí que a palavra de conselho espiritual de São Sisoé – buscar a Deus e não simplesmente as armadilhas da vida espiritual – se torna real, torna-se verdade.

A vida não é um exercício de ginástica espiritual. É um longo e interminável esforço de ter a mente de Deus onde quer que estejamos, o que quer que aconteça conosco no caminho. Não estamos aqui para escaparmos dos desafios da vida por meio da oração. Estamos aqui para crescer por meio de cada uma delas até atingirmos a maturidade espiritual. Com Deus ao nosso lado, em nossa mente e em nosso coração, nossa própria força espiritual e discernimento desenvolvem plena estatura. A transformação do corpo para o espírito é então concluída: fisicamente, aceitamos o crescimento que nos leva além da fisicalidade. Ser o mais forte, o mais apto, até mesmo o mais religioso não importa mais. Somente o desenvolvimento da alma importa agora.

As almas que estão totalmente imersas na consciência de Deus veem as coisas de forma diferente. O calendário da vida – infância, início da fase adulta, maturidade, liberdade – elas percebem como apenas um dos múltiplos estágios da vida. Cada um dos muitos estágios da vida, entendem, são presentes a serem valorizados e anos a serem moldados. Cada um traz uma nova consciência de que a vida é crescer em Deus, um período por vez. Tentar reter qualquer um desses momentos para sempre, tentar moldar qualquer um deles para meus próprios fins eternos, é viver a vida sem chegar a compreendê-la. Procurar cimentar a fonte da juventude ou extrair para nossos próprios *insights* o eterno ápice da força, agarrar-se a um único período e chamá-lo de vida, é se desencontrar totalmente do Deus da Vida.

São Sisoé exige uma resposta de cada um de nós: quem é o seu Deus? Uma cornucópia de coisas boas para os filhos espirituais ou um cocriador da vida que espera que vejamos o mundo como Deus o vê e depois façamos nossa parte para torná-lo sagrado? É Emanuel "Deus conosco" que buscamos. Os santuários e orações especiais e peregrinações sagradas ao longo do caminho são oásis espirituais destinados a desenvolver nossa força para o restante do caminho. Eles não são Deus; são simplesmente sinais de que o Deus que nos criou está conosco. É esse relacionamento que importa muito mais do que qualquer devoção em particular.

São Sisoé guardava o segredo da vida realmente espiritual. Por mais fielmente que tenhamos cultivado uma devoção preferida, ele nos adverte, não devemos nos deixar seduzir por nenhuma delas. Cada uma tem apenas um propósito. Seu objetivo é simplesmente apontar na direção da consciência de Deus em todos os momentos e em todos os lugares.

20
Aquiete-se e conheça a Deus

Um dos padres disse: *"Assim como é impossível ver seu rosto em águas agitadas, também a alma, a menos que esteja livre de pensamentos externos, não é capaz de orar a Deus em contemplação".*

Assim como passamos de um evento para outro, procurando as respostas para nossas perguntas, querendo mais conforto do que mudança, os discípulos migraram para o deserto para aprender com os Padres do Deserto lá. Eles queriam saber como rezar, como viver cada vez mais próximos de Deus enquanto continuavam a ser responsáveis pelos aspectos seculares da vida, bem como dedicados ao sagrado. E eles queriam atalhos para todos – assim como nós. Como nós, também, eles nunca deixaram de se surpreender com a palavra de instrução que receberam ali. Nenhum grande sacrifício era esperado. Nenhum ritual complexo exigido. A resposta monástica aos discípulos, ao que parece, sempre tratava de aprender a viver bem no lugar onde estavam, em vez de tentar fugir de sua vida de responsabilidades diárias.

No caso de hoje, a resposta é particularmente direta. "A menos que a alma esteja livre de pensamentos externos, é impossível orar a Deus em contemplação." O ensinamento é livre de adornos em sua definição, claro em seu significado. Deus não está se escondendo de nós, as palavras sugerem. Nós é que estamos nos escondendo de Deus. O ruído, ensinam-nos os Padres do Deserto, é a barreira que colocamos entre nós e a contemplação de Deus conosco.

A instrução de hoje, na verdade, é sobre ruído. O ruído, ensina o santo, é o que nos separa até mesmo de nós mesmos. Mas se o povo do Egito do século III tinha um problema relacionado a isso, que dirá a nossa própria geração. Nós até temos um problema já que a cultura do canto dos pássaros, a cultura do sossego rural, tornou-se a cultura da cacofonia. Vinte e quatro horas por dia nosso mundo crepita com *rock, rap, country, beat* e conversa fiada e reclamações sem sentido. São essas palavras que executam nosso pensamento por nós. Vinte e quatro horas por dia esse tipo de ruído usurpa o lugar que poderia ser ocupado por nossos próprios *insights*. Sua presença irrelevante em todos os lugares – em lojas e escritórios, nas esquinas e nos carros – distorce nossa busca pela consciência contemplativa de Deus na vida. Nos intervalos, é claro, rezamos as orações de nossa juventude, palavras de conforto e tradição. Mas imersos na recitação da rotina, até mesmo da rotina religiosa, há pouco tempo para ouvir o que a Palavra do universo pode estar tentando nos dizer.

A imagem que o mestre usa é simples: às vezes, podemos abaixar a cabeça sobre águas calmas e enxergar dentro de nossos próprios olhos. Mas quando as águas se agitam, percebemos a imagem fragmentada e distorcida. Nada do que vemos, então, podemos confiar que seja real. Mas, mais do que isso, quando nossas almas estão sobrecarregadas de ruído, a própria contemplação é prejudicada. O ruído da insignificância, o barulho e o tumulto dos planos inúteis, nos sepultam em nós mesmos. Então, a própria contemplação está em perigo. Distração e ambição, raiva e inveja, orgulho e dor, fadiga e sobrecarga – tudo isso distorce a sensação da presença de Deus para nós.

As Escrituras ensinam que "Deus não está no furacão" (1Rs 19). E agora, novamente, no terceiro século e em nossos dias e noites, os Padres do Deserto são claros: para repousarmos em Deus, devemos aprender a tirar da vista e da mente o turbilhão que ameaça nos tragar. Devemos permitir que a contemplação nos leve para casa ao Deus da Vida dentro de nós – a Vida que existe em todos os outros lugares do universo ao mesmo tempo. Seja lá o que ruge em nós e nos separa do centro silencioso de nós mesmos, deve ser descartado agora. Ali, o Deus que nos busca todos os nossos dias aguarda que cheguemos totalmente presentes à Vida que transcende a confusão do presente. Então, nada nos fará mal, nada nos assustará, tudo nos dará paz. Mas só depois que o centro estiver silencioso. Somente depois que o ruído interior tiver terminado. Somente depois que aprendermos a ouvir o Deus que fala no silêncio da alma centrada.

Tão certo como essa máxima foi importante para a mudança de culturas do terceiro para o sexto século, ela é ainda mais necessária para nós. Somos um povo em transição do local e do nacional para o global e o secular. Nenhuma instituição sozinha é grande o suficiente para salvar o nosso individualismo ou a vida espiritual que devemos moldar dentro de nós, se, de fato, nós sequer chegamos a conhecer a Deus.

Para isso, apenas o silêncio de nossas próprias almas servirá – a conexão pessoal entre Deus e eu.

21
Integridade e libertação

Abba João o Anão disse: "Abandonamos um fardo leve, ou seja, a autocrítica, e assumimos um fardo pesado, ou seja, a autojustificação".

A oportunidade de nos iludir pensando que finalmente alcançamos um determinado nível de maturidade espiritual espreita em todos os lugares em um mundo como o nosso. Estamos obcecados em medir nosso senso de crescimento espiritual: quantas vezes oramos, quão apegados somos a uma igreja, quão justos somos. E, no final, o dano que isso causa em nós e a nosso redor é incalculável.

Assumimos que um tipo especial de maturidade acompanha o sucesso. Consideramos que aqueles que se sentam nos tronos da vida os conquistaram de alguma forma. E assim eles se tornam nossos mentores e nossos modelos. Aceitamos seus planos e aplaudimos suas posições. Mas nada muda. Os ricos ainda exploram os pobres. O egoísta ainda ignora os necessitados. Que tipo de maturidade espiritual é esse? E o que temos em um mundo como este que pode nos salvar dele? Onde vamos selecionar a sabedoria necessária para diferenciar um tipo de sabedoria de outro? Que tipo de poder pode nos salvar dos poderes que matam a alma e muitas vezes até o corpo? Vagamos de guru em guru sempre procurando, talvez, mas nunca tendo certeza de que o caminho é verdadeiro.

Tomamos como certo que apenas os anos darão sabedoria a uma pessoa. E assim nós mesmos fazemos pouco para buscá-la, pois o próprio tempo a fornecerá para nós. Haverá tempo para esse tipo de concentração quando a carreira terminar, pensamos, e assim vivemos agora com base nas mais simples pedras de toque espirituais: membresia da igreja, doações generosas, a quantidade certa de envolvimento na hora certa.

Presumimos que o poder é um sinal de valor e merecimento interior – se chegamos a pensar separadamente no enriquecimento interior. De fato, à nossa volta há outras direções para outros tipos de vida, igualmente atraentes e ainda mais claras: ponha seu coração no grande lucro, dizem, volte sua mente para o *status* público. Defina sua vida pelo que você controla, eles exigem, e assim nos esquecemos de nos perguntar o que nos controla.

Estamos certos de que a riqueza e o privilégio que ela traz devem certamente ser sinais de realização, tanto secular quanto espiritual. De fato, a sociedade em que vivemos está fervilhando com sinais que pretendem nos separar das noções infantis de vida espiritual. Mas tornar-nos ícones adultos de crescimento espiritual, sabiam os Padres do Deserto, era o exercício de uma vida inteira.

Abba João não tinha ilusões sobre a natureza do desenvolvimento espiritual. Ela vem, ele ensina, dos padrões nos quais nos mantemos, pelos esforços que fazemos para sermos o melhor que podemos ser, qualquer que seja a distância entre nossos objetivos e nossas realizações; não é medido pelas desculpas que damos por não sermos a pessoa que dissemos que seríamos.

A vida espiritual não se trata de autojustificação: não se trata de explicar por que não somos os gigantes espirituais que o mundo tem o direito de esperar que sejamos. É uma questão de falar a verdade em uma cultura que vive de mentiras. Significa manter o rumo em nome dos pobres. Significa recusar-se a recuar quando os oprimidos, os marginalizados e as mulheres são simplesmente ignorados pelos poderosos e ricos. Trata-se de ter a coragem de admitir para nós mesmos aqueles momentos em que poderíamos ter nos manifestado, defendido, falado por aqueles que não têm voz. É sobre a razão de ficarmos em silêncio quando poderíamos ou deveríamos ter falado. É uma questão de nos perguntarmos em favor de quem prostituímos nossas almas? Ou, tão grave quanto, para quem fizemos o bem, não por causa deles, mas pela aprovação daqueles cujo favor nós mesmos procurávamos?

Abba João nos adverte: integridade espiritual não se trata de autojustificação, cujo fardo impossível esgota a alma. Trata-se da libertação que vem da autocrítica. Trata-se de ser libertado pela autocrítica para ir além do vazio do eu a ponto de se estender repetidamente para ser o eu que nascemos para ser.

22
Espiritualidade lenta

Um irmão veio ver Abba Teodoro, e começou a conversar e perguntar sobre coisas que ainda não havia tentado. O ancião lhe disse: "Você não encontrou um barco nem colocou seu equipamento nele, e nem navegou, mas parece que já chegou à cidade! Bem, faça seu trabalho primeiro; então, você chegará ao ponto de que está falando agora".

Se há algo que marca a sociedade moderna é o seu vício em velocidade. Leia os anúncios: este composto produz rabanetes na metade do tempo. Este carro vai de 0 a 90 km/h em 9 segundos. Este grau acadêmico pode ser obtido em metade do tempo médio. Este avião para a Europa leva você a tempo para o jantar. A cada ano a internet fica mais rápida. Todos os anos, os iates de corrida são construídos com materiais mais leves para aproveitar-se dos ventos e surfar nas ondas segundos mais rápido do que o barco ao lado.

Na verdade, tudo nesta sociedade é julgado pela velocidade com que pode funcionar em um mundo em rápido movimento. Nenhuma máquina, nenhuma habilidade, nenhuma disciplina escapa ao desafio. O objetivo da vida é chegar lá mais rápido do que nunca. A vida em nosso mundo tornou-se uma corrida para todos os lugares. A velocidade tornou-se um sinal de poder, de superioridade, de qualidade sobre-humana.

Mas não aqui. Não com Abba Teodoro como guia. Há algumas coisas que valem a pena fazer, ele ensina, que valem a pena fazer devagar o suficiente para aprender com cada faceta delas. Como a vida espiritual, por exemplo.

A maioria de nós nasceu dentro de uma Igreja, de uma tradição, de uma visão de mundo, de uma mentalidade teológica, de uma família que nos criou "na fé". Mas a filiação religiosa não foi "descoberta" em situações como estas. Foi herdada. Simplesmente éramos o que éramos: católicos, luteranos, anglicanos, evangélicos. Mas há mais na fé do que herança e edifícios. Não são apenas o tempo de adoração e a adesão às regras que nos mantêm onde estamos. A verdade é que, com o passar do tempo, pelo menos para muitos, as perguntas começam a atormentar o aprendiz pensante. E, então, a alma começa a se livrar das armadilhas da religião para encontrar e testar o poço de onde surgiram as velhas respostas. De fato se alguma coisa trava guerra com a fé à medida que crescemos, certamente é uma estrutura concentrada em grande parte nos horários de culto e na adesão às regras.

E, assim, quando as perguntas vêm em busca de respostas para explicar as razões por trás da adoração e o propósito por trás das regras, quando o próprio sistema não é mais santo o suficiente para persuadir, então, o verdadeiro trabalho da vida espiritual pode finalmente começar. Qualquer coisa antes dessa fase reveladora da consciência espiritual é puramente preparatória, apenas uma etapa que acaba sendo útil para uma vida que busca ser tão espiritual quanto religiosa.

É aqui que Abba Teodoro desacelera o processo para que possamos ser moldados não pelas respostas rápidas para as grandes questões da vida, mas pelo próprio processo de busca. Ele indica três fases da busca espiritual, todas elas lentas, todas elas um afastamento do eu secular para um reconhecimento da Presença de Deus no aqui e agora.

A primeira dimensão da vida espiritual, Abba Teodoro é claro quanto a isso, é desejá-la, escolher o barco que o levará às profundezas da espiritualidade que você procura. Você deve querer estar em um ponto onde a presença de Deus é uma realidade dada, mas não testada em sua própria vida. Nesse ponto, a luta é para se livrar de tudo e qualquer coisa que obstrua a presença sentida de Deus na vida ou tente você a tomá-la como garantida. É preciso muito trabalho para desenterrar os grandes modelos da fé e depois descobrir exatamente o que os tornou grandes modelos para começo de conversa. Você deve preparar o equipamento necessário para percorrer a vida espiritual. E isso leva tempo. Tempo para estudar; tempo para refletir; tempo para escolher.

Aqui, a velocidade é totalmente inútil. Uma emergente consciência da Presença de Deus no aqui e agora vem em vislumbres lentos e fugazes. Algo aqui, meu coração sabe, está além do esperado nesta situação: Deus está aqui. Algo em que nunca pensei acontece, embora ninguém leve o crédito por isso: Deus está aqui. De alguma forma estou começando a ver além do óbvio, o amor palpável do Criador pela Criação. Deus está aqui. Certamente Deus está aqui.

E então, o Abba diz: "Bem, faça seu trabalho primeiro; então você chegará ao ponto de que está falando agora". Mudanças de vida. As coisas lentas e difíceis da vida simplesmente trazem mais coisas boas. Claro, Deus está aqui. Não, não vem rapidamente, essa visão de um mundo além do mundo. Mas logo, logo, fica mais claro – o que estou vendo é mais do que apenas a própria natureza pode revelar: de fato, Deus está aqui. Deus sempre esteve aqui. Eu também estive aqui, mas houve os problemas de ambição, direção e velocidade que bloquearam minha visão.

Tudo isso vale a pena: a luta pela direção, a coleta de equipamentos e a longa vela para um dia olhar para cima e saber que a longa luta valeu a pena para chegar a um acordo com a Vida que vive em cada um de nós. E quando estivermos lá, por mais lenta que tenha sido a jornada, as estrelas dentro de nós, as estrelas pelas quais nos guiamos, nunca mais desaparecerão.

23
Capitalismo e cristianismo

Diz-se de um irmão que, depois de tecer suas cestas e colocar alças nelas, ouviu um monge ao lado dizendo: "O que vou fazer? O comerciante está chegando, mas não tenho alças para colocar nas minhas cestas!" Então, ele tirou as alças de suas próprias cestas e as levou para o vizinho, dizendo: "Olha, eu tenho estas sobras. Por que você não as coloca em suas cestas?" E completou a obra do irmão, conforme a necessidade, deixando a sua inacabada.

Se os Padres do Deserto têm alguma coisa a dizer ao século XXI, pode muito bem ser esse relato anônimo que nos cala fundo. A cena é simples: na economia monástica da época, os monges faziam trabalho manual para suprir as necessidades da vida. Muitos confeccionavam cestas de cânhamo e as vendiam a comerciantes viajantes que recuperavam seu dinheiro vendendo as cestas no mercado. Era uma sociedade de varejistas e atacadistas, um modelo de negócios que existe até hoje. Em um nível, é um modelo econômico eficiente. Todo mundo trabalha e se cuida. E a comunidade prospera porque todos estão prosperando.

Mas essa não é a imagem completa. Em outro nível, essa filosofia econômica deixa uma questão importante sem resposta: o que acontece com as pessoas que não conseguem produzir cestas suficientes para o comerciante vender? O que acontece com as pessoas com deficiência física que não conseguem chegar ao mercado para vendê-las? Onde os idosos se encaixam em tal sociedade? O que acontece se todos não trabalharem, não puderem vender ou não venderem o suficiente para sobreviverem aos tempos de inatividade? Quem se importa com quem então?

Você pensaria que os Padres do Deserto foram jogados na Câmara e no Senado dos Estados Unidos, onde a questão de quem cuida daqueles que não podem cuidar de si mesmos ameaça muito comumente dividir o país. Por quê? Três elementos da vida preocupam a sociedade moderna de maneiras que os Padres do Deserto simplesmente eliminaram de imediato. O capitalismo se baseia em três princípios: segurança pessoal, forte individualismo e teste de meios. É uma teologia do "cada um por si". Em uma sociedade como esta, todos nós devemos cuidar de nós mesmos.

A sociedade moderna trabalha com uma coisa em mente: segurança pessoal. Treinamos todas as gerações para que trabalhem a vida inteira para economizar dinheiro suficiente para financiar suas necessidades pelo resto de suas vidas sem trabalho. Em um nível, pelo menos, é um objetivo louvável. Fala de responsabilidade pessoal e independência ao longo da vida. O problema é que também levanta a questão da comunidade – seu significado e suas obrigações. Diz muito claramente: "ele tirou as alças de sua própria cesta e as trouxe para seu vizinho... ele completou o trabalho de seu irmão".

Nossa sociedade também ensina o forte individualismo – o que significa compromisso total consigo mesmo. Os heróis de uma cultura como essa são as pessoas que simplesmente abandonam as normas e necessidades da sociedade para ganhar o máximo de dinheiro que puderem, para garantir uma vida boa para si mesmas. O problema aqui, claro, é que, sem uma definição comum de vida decente, toda a comunidade corre o risco de deterioração pública sem apoio universal. Então, tudo o que a comunidade busca – pontes, estradas, escolas, conjuntos habitacionais, uma qualidade de vida básica para todos – decai. Projetos dessa proporção são simplesmente uma operação muito grande, física ou financeiramente, para serem universalmente restaurados por indivíduos agindo sozinhos.

Finalmente, para cimentar esses elementos da civilização, a sociedade capitalista resiste à cobrança de impostos que tornam os serviços sociais possíveis para todos. Ou pior, qualquer excedente disponível para a população em geral é distribuído com parcimônia. A caridade começa a depender do teste de meios – a determinação de graus aceitáveis de pobreza, fome e analfabetismo que qualificam o indigente para o sustento. Que é exatamente onde esta lição dos Padres do Deserto interrompe a corrente fluida do egocentrismo político. Pelo bem da compaixão, pelo bem da comunidade humana – pelo bem de todos nós –, ele estabelece um padrão diferente.

A história monástica não poderia ser mais óbvia. Aqui, um monge ouve a dor e a súplica daquele que não tem recursos. Por que as alças da cesta não foram feitas, não sabemos. Mas sabemos que o homem é oprimido pela falta delas. "O que vou fazer?", ele chora. E nenhuma resposta é necessária. Ele não precisa provar que devolverá o presente. Ele não precisa explicar seus erros. Ele não é deixado para se defender sozinho. Outro monge intervém para corrigir a vida. O homem está salvo. A comunidade está salva.

Tão simples, você diz? O que há de tão simples em cuidar de quem trabalhou a vida toda e depois se vê sozinho exposto aos elementos – sem gás, sem aquecimento no norte e sem eletricidade e ar-condicionado no sul? Quando há milhares de empregos disponíveis, mas muito poucos alunos que sabem ler, escrever, pensar e calcular bem o suficiente para se candidatarem a eles, de quem é a culpa de os analfabetos não terem sido colocados nas aulas de reforço que os tornariam empregáveis?

É uma lição simples, de fato: um monge chora, outro lhe responde sem punição ou opressão. A segurança aqui é uma resposta direta à necessidade, como em "Faça aos outros o que gostaria que os outros fizessem a você". A comunidade é construída apoiando-se uns aos outros. O teste de meios é apenas mais uma forma de tirar a dignidade, assim como a determinação, de uma pessoa. Ele os rotula, os categoriza, limita seu alcance. Em um mundo como este, a pobreza é a eterna divisão entre os bem-sucedidos e os fracassados. Em uma situação como esta, são aqueles que condenam os pobres à mendicância, à humilhação e à perda que são realmente os fracassados.

O clamor deste capítulo não é antigo. Não é um anacronismo histórico. É a eterna tentativa de despertar a alma daqueles que ainda hoje confundem capitalismo com cristianismo. É um grito que foi ouvido claramente através dos tempos – das próprias colônias romanas às indústrias asiáticas que se tornaram a força de trabalho malpaga das indústrias ocidentais. É o eco dos gritos do feudalismo, da Revolução Francesa, da Era Industrial, da Era do Agronegócio e agora em um mundo onde drones, robôs e impressão 3D transformam empregos em lucro e trabalhadores qualificados em diaristas.

Se a pergunta for: o que os Padres do Deserto poderiam dizer a um mundo como o nosso, mil e quinhentos anos depois? A resposta é clara. Em nossa era e nesta cultura, compaixão, capitalismo e cristianismo são semelhantes o suficiente para serem confundidos. Pior, eles são diferentes o suficiente para se inclinar em direção a um futuro em que nenhum deles sobreviverá sem o outro. Se a História diz alguma coisa, é certamente um grito de uma era para outra para examinar cada um deles – sozinhos e juntos – antes que o capitalismo arruíne o globo com sua desenfreada tomada de lucros; antes que a compaixão seja confundida com o cristianismo e as pessoas comecem a ver as pequenas doações como a resposta em um mundo que precisa de uma revisão total de cada uma; e antes que o cristianismo se reduza ao ritual – como tem feito tantas vezes na História quando deveria ter sido a consciência do mundo.

Para os Padres do Deserto, a solução era simples, óbvia, comunitária, cristã. A lição conclui: "E completou a obra do irmão, conforme a necessidade, deixando a sua inacabada".

24
A roda do sucesso

Santa Sinclética disse: *"Assim como um tesouro exposto é rapidamente gasto, também qualquer virtude que se torna famosa ou bem divulgada desaparece. Assim como a cera se derrete rapidamente pelo fogo, assim a alma se esvazia pelo louvor e perde a firmeza da virtude"*.

Uma declaração como esta pode ter atingido uma veia de séria profundidade espiritual no Egito do século III. No século XXI, no entanto, a rejeição bastante casual por Sinclética da importância do reconhecimento público do sucesso pessoal pode parecer mais uma grosseria, se não discriminação social.

Nesta cultura em que, como disse Andy Warhol, "todo mundo quer seus quinze minutos de fama", o próprio pensamento de evitar a publicidade parece uma espécie de traição social. A ideia agora e aqui é chamar cada vez mais atenção, tornar-se cada vez mais um centro de atração, por mais efêmera que seja a imagem. No novo mercado global, a publicidade é fundamental. A grande luta comercial é capturar toda a luz que existe para se tornar a luz que o mundo segue – para sapatos ou *jeans* ou qualquer outra coisa. É a abertura do *eu* para um mundo de estranhos.

E por quê? As razões são inúmeras, por mais mundanas que sejam. E funciona. A publicidade converte-se em popularidade, influência, alcance, apoio social. E, se há algo a ser comprado ou vendido, estabelecido ou desenvolvido, a publicidade se converte em dinheiro, em precedência. A publicidade é um jogo em que o vencedor leva tudo. Estabelecer o monopólio da sabedoria, obter uma reputação de especialização, construir um reconhecimento de nome que mais tarde pode ser convertido em dinheiro, cargo político ou números de vendas, é tornar-se o volante de um movimento: o fornecedor de cuja boa vontade o mundo local depende e a quem a sociedade deve.

Quando o anúncio passa nas telas de TV em nossas salas de estar todas as noites, as implicações de sua onipresença, seus níveis de saturação e sua repetição nos escapam. É tudo do jeito que as coisas são: superficiais, egocêntricas e exaustas por querer mais e mais. Fazemos parte da grande dança pública chamada economia nacional. Estamos totalmente consumidos tentando acompanhar todos os outros buscadores de publicidade ao nosso redor.

É a mesma situação que Amma Sinclética definiu séculos atrás. Já então, ela alertava o mundo – e até mesmo os Padres do Deserto – sobre o perigo de se entregar tão totalmente que o que resta é nada mais que a casca de nós mesmos. Então, ironicamente, exaustos pela escalada vazia da roda do sucesso, tornamo-nos secos e sem vida, pálidos e pouco convidativos. Como nossa mestra de noviças nos advertiu no espírito de Sinclética muito antes de nossa profissão final: "Minhas queridas jovens irmãs, lembrem-se disto: o vaso vazio deve ser enchido".

A mensagem é tão importante espiritual quanto fisicamente. A mensagem é abrasadora: uma vez vazio, o poço da alma fica para sempre seco. Uma vez que o cultivo da alma é ignorado, o seu fruto nunca pode, por si mesmo, ressurgir. "O vaso vazio deve ser enchido." E a verdade de tudo isso foi facilmente vista: quando a alma está esgotada, não há mais sabedoria para dar. Não há mais profundidade a esperar aqui do que de qualquer outro a quem já demos mais do que podemos no momento.

Uma vez que o principal do tesouro é tocado, Sinclética nos adverte, é muito mais fácil gastar tudo do que guardá-lo para outro dia. Tratamos o tesouro como ouro em uma correnteza. Não fazemos nada para gerá-lo, mas presumimos que sempre estará lá. Temos certeza de sua energia infinita, mesmo quando estamos nos desgastando, indo à falência espiritual e fisicamente.

A visão da alma de Amma Sinclética é verdadeira. Até a virtude, nossos dons e talentos especiais, ela continua, expostos por muito tempo e demais – mais por exibição do que por paixão –, ficarão muito enfraquecidos para serem revividos novamente. Passamos pelos estágios de ouvir, aconselhar e encorajar os outros, mas nós mesmos perdemos o ânimo para isso. Uma vez forjados em oração e com a intenção de responder aos necessitados, agora nós mesmos estamos necessitados. Pior, estamos muito longe de nosso próprio centro espiritual para encontrar o caminho de volta para onde o coração ouve melhor e a alma presta atenção profundamente. E, no entanto, é apenas do centro de nós mesmos que podemos ajudar o outro.

"Assim como a cera se derrete rapidamente pelo fogo", diz ela, "assim a alma se esvazia pelo louvor e perde a firmeza da virtude". Uma vez que a atenção do público se fixa na força que nos leva à altura de nós mesmos, é essa própria força que está mais em perigo de colapso. A vida espiritual não é autoelogio; a vida espiritual é estar no Caminho, qualquer que seja a dificuldade da jornada, por mais difícil que seja a subida.

A palavra espiritual de uma Amma no terceiro século tem algo a nos dizer em nosso século? Somente se você for um cirurgião extraordinariamente habilidoso que é tão requisitado que não tira um mês de folga há anos. Só se você for o diretor da cozinha do restaurante popular local, que cozinha tudo sozinho e, nas horas vagas, administra uma despensa de comida ao lado. Somente se, em nome da santidade, você negligenciou sua própria vida espiritual, sua própria energia física. Então, fica claro que, para ser um dos discípulos de Amma Sinclética, é hora de você parar um pouco. Descanse. Olhe para a vida novamente – desta vez, através da visão de integridade espiritual que iniciou este trabalho em você para começo de conversa.

25
O que contribui para a transformação espiritual

São Poemen disse a Abba José: *"Diga-me como posso me tornar um monge"*. *E ele respondeu: "Se você quer encontrar descanso aqui e no futuro, diga em todas as ocasiões: 'quem sou eu?', e não julgue ninguém"*.

Eu nunca tinha visto nada parecido antes. Em uma esquina de um grande parque na Índia ele estava de pé em uma perna, imóvel, totalmente silencioso e vestido com o que suponho ser o equivalente moderno de "pano de saco e cinzas". Ele era penitência e santidade em exibição para todos verem. Seu cabelo estava desgrenhado e emaranhado, seus pés eram pretos e seus olhos perfuravam o coração de cada pessoa que passava por ele. Só as crianças, notei, não lhe deram nenhuma atenção. De alguma forma, ele conseguira exceder a definição delas de humano – e então, elas simplesmente o ignoraram ou perseguiram umas às outras em torno de sua silhueta imóvel e escura. Elas não tinham categoria em suas mentes para ele e nenhuma forma de encaixá-lo na sociedade. Alguns olhares indolentes e ele se tornou invisível depois disso.

Aquilo, eu sabia, não era uma versão atualizada dos Padres do Deserto. Nenhuma fila o seguia em busca de conselho espiritual; nenhum grupo se reunia ao redor dele em oração. Nenhum irmão em peles de animais e pés descalços se juntou a ele nas Vésperas enquanto o sol se tornava dourado e o céu noturno, laranja. A escuridão caiu sobre a multidão que fazia piquenique e passeava, mas ele simplesmente ficou ali. Um lembrete. Mas do que, não sabíamos. Apenas uma coisa estava clara: por alguma razão, nós simplesmente não atingimos o nível de vida espiritual que ele testemunhou.

Como eu mesma nunca tinha visto outro como ele, não podia ter certeza exatamente que tipo de vida espiritual ele nos oferecia. Em vez disso, como as crianças, não senti nenhuma grande atração por ele. Nem me senti culpada por coisas que devo ter feito, mas não consegui identificar. Na verdade, aquele homem, por mais sincero que pudesse ser, era muito diferente da minha vida para me inspirar a deixar minhas roupas para trás e esperar que todos fizessem o mesmo. Mas o que ele me inspirou foi o desejo de responder ao simples desafio de São Poemen: o que é um monge, afinal? E como posso me tornar um?

Se podemos dizer algo sobre os Padres do Deserto é que eram obstinados, sem dúvida. Mas eles não eram a polícia religiosa da Igreja. Eles não eram os arautos da destruição e do medo espiritual no Egito. Não eram espiões espirituais que passaram a vida relatando os erros morais das pessoas ao seu redor. Não eram criaturas de outro mundo que olhavam em nossos corações e os achavam fracos. Pelo contrário. Os Padres do Deserto, a história confirma, eram simplesmente centrados em Deus. Às vezes, eles viviam juntos em uma espécie de semicomunidade para apoio em seus desejos espirituais de vida. Em geral, passavam seus dias em oração e estudo, em discussão e silêncio sagrado. Às vezes, alguns deles realizavam grandes penitências. Mas não sempre. E não como o único centro público de suas vidas. Não, eles não eram os pregadores de TV de seu tempo, nem mesmo os grandes confessores locais que assustavam as pessoas de volta ao caminho reto e estreito. Então, como eles se tornaram monges?

São Poemen foi muito direto sobre o nível de santidade cultivado em Escetes e seus postos avançados no deserto: todos os dias diga a si mesmo: quem sou eu? Pense no efeito de um exame espiritual como esse: na segunda-feira, quem sou eu? Resposta: eu sou aquele que está cansado de ficar mais tempo aqui no deserto. Não é nada como eu pensei que seria. Na terça-feira, quem sou eu? Resposta: eu sou aquele que tem pouco para dar ao mundo, mas gostaria de dar mesmo assim. Na quarta-feira, quem sou eu? Resposta: eu não sou aquele exibido que traz água para todos nós todos os dias. Quem sou eu? Quem sou eu? Quem sou eu? No fundo, é uma pergunta bastante simples – mas faça-a com bastante frequência e responda-a com bastante franqueza e você poderá, em algum momento, respondê-la com sinceridade suficiente para saber a resposta verdadeira na próxima vez que se olhar no espelho: eu sou a pessoa que finge ligar para as pessoas mais do que eu realmente ligo. Ou, eu sou a pessoa que fala sobre as Escrituras, mas raramente se senta com elas e as leva a sério. Ou estou exausto sendo uma pessoa que está tentando ser fiel a uma prática diária – mas não é. Ou sou a pessoa que nunca diz a verdade sobre minha família ou antecedentes, o que significa que aprendi a mentir bem.

De repente, a resposta para o que contribui para a transformação espiritual torna-se clara: serei realmente um monge quando deixar de lado toda a minha presunção, for honesto comigo mesmo e nunca mais julgar outra pessoa. Serei um monge quando, em vez disso, aprender a me perguntar como é que esqueci meus próprios pecados, meus objetivos exaltados, meus motivos corrompidos. Como é que condenei tantos e não percebi que, apesar de todos os meus apegos a mim mesmo, ainda posso ouvir o coração de Deus me chamando? Eu sou aquele que me tornei honesto comigo mesmo.

O efeito é imediato. De fato, "Então vem o descanso, aqui e no futuro". Não estou irritado agora com aqueles cuja vida, valores, personalidade e desejos são diferentes dos meus. Estou em paz com quem sou. Tenho certeza de quem sou. Eu me recuso a mentir sobre mim de qualquer forma por mais tempo. Não me permito mais discutir com os outros, mesmo interiormente. Finalmente me tornei um monge que não julga ninguém e agora sabe quão grande é o Deus que me ama – não porque sou santo, mas porque não sou – e porque agora realmente sei disso.

Eu estou livre agora. Não há nada que alguém possa dizer sobre mim que eu já não tenha admitido sobre mim mesmo. Abba José me permitiu aceitar quem eu sou. Não preciso mais mentir. Estou pronto para crescer novamente.

26
Enraizado no autocontrole

São Poemen perguntou a Santo Antão: "O que devo fazer?" E o ancião disse: "Não confie em sua própria justiça. Não se preocupe com nada uma vez que esteja feito. E controle sua língua e seu estômago".

Há coisas a serem conquistadas em uma cultura jovem – velocidade, entusiasmo, admiração, excitação – que nada mais na sociedade pode substituir. Dá a toda a vida uma sensação de movimento, um gosto de possibilidade, uma sensação de novidade. Assistimos às suas danças e ouvimos a batida da percussão sob nossos pés. Ouvimos velhas melodias desaparecerem ao fundo. Vemos a agitação selvagem, a entrega, e sabemos que estamos vendo um novo mundo se desenrolar diante de nossos olhos. Novidade é o mantra agora. A revolução é o seu grito.

Mas em seu rastro há um toque de tristeza também. A avaliação do que foi perdido e ganhado nesses grandes ventos de mudança é o papel do ancião em um mundo em mudança. Com o ancião vem uma mudança de ritmo. A reflexão e a tradição pesam mais no momento do que a estratégia, e a experiência é um fator tanto quanto a experimentação. É o papel do mais velho em todas as épocas separar o novo do velho, o testado e o verdadeiro do especulativo. Os anciãos trazem um senso de história – do que funciona e do que não funciona – para o momento fluido. Eles avaliam e ruminam e procuram maneiras de honrar tanto o novo quanto o antigo. Eles não dividem a sociedade de si mesma. Eles soldam raízes às asas.

Nada é mais claro sobre o valor dessas relações do que este episódio entre São Poemen e Santo Antão. São Poemen já era uma figura de sabedoria no Egito, bastante capaz de aconselhar a muitos e certamente competente para tomar suas próprias decisões. Mas quando chegou a hora de tomar tal decisão, Poemen leva sua pergunta a Santo Antão. E Antão, um líder reconhecido e reverenciado, leva a questão a sério.

O décimo primeiro grau de humildade na Regra de São Bento trata de uma situação como esta de maneira bastante específica. "Faça apenas as coisas sancionadas pela comunidade", diz o documento do século VI. Busque conselho. Ouça. Busque orientação. Enquanto avança, fique perto do tipo de conselho que fortaleceu a comunidade no passado. Fique perto do poço espiritual cuja água vivificante o trouxe até este ponto.

O valor desta lição é imensurável. É muito mais do que uma nova e excitante resposta, cujos efeitos ninguém conhece. É uma reafirmação da espiritualidade baseada na experiência, fundamentada na sabedoria dos mais velhos e enraizada no autocontrole. "Não", São Poemen disse, "confie em sua própria justiça". Por mais certo que você tenha sido no passado, lembre-se de que seu vínculo com a comunidade é sua salvação. Teste tudo aqui – não importa quantas vezes você tenha acertado, deixe a comunidade salvá-lo de errar.

Muitas organizações contemporâneas ainda poderiam estar operacionais e prosperando se houvesse mais testes de ideias isoladas. Menos arrogância dos administradores que confundiam ser diretor de operações com estar sempre certo pode ter evitado que boas ideias fossem adotadas sem consulta suficiente. Mais de uma comunidade poderia ter lucrado com menos líderes que insistiam que estar no comando era sinônimo de sempre saber o que fazer.

Não há dúvida sobre isso: esta lição brilha com humildade, com sabedoria, com discernimento. Em vez do confronto de titãs, as mentes imutáveis daqueles tipos de filósofos cujas visões de mundo espirituais estavam em conflito – vemos um modelo de harmonia. Gravada em nossos corações está a imagem de dois anciãos, São Poemen e Santo Antão, juntos em busca da vontade de Deus em suas próprias vidas.

A resposta para "O que devo fazer?" é tão simples, tão comum, tão básica que todos nós reconhecemos a verdade disso. O que devemos fazer, os dois santos anciãos decidem, é nos controlar, pois quando não há autocontrole flertamos com a perda da humanidade. Simples.

Primeiro, provenientes de sociedades de aldeias fortemente ligadas, eles sabem bem que a santidade exige que aprendamos a controlar nossas línguas. O mal está em dizer coisas sobre os outros – verdadeiras ou não – que possam prejudicá-los. E por isso os Padres do Deserto valorizavam o silêncio. Então, eles nos dizem, devemos aprender a controlar nossos estômagos também. Devemos comer para viver, não viver para comer. Devemos, os santos sabem, nos recusar a nos engordar. Ceder à comida nos torna moles e lentos. Tira a agudeza de nosso pensamento. Turva nossas respostas e, acima de tudo, nos mantém cativos de nossa própria lassidão.

O que devo fazer? São Poemen pergunta por nós através dos anos, e as respostas nunca mudam: discipline sua língua. Controle seu estômago. E uma vez que você deu um passo, não passe a vida obcecado. Em vez disso, aprenda com o resultado e siga em frente. O conselho é universal. De fato, onde em nossas próprias vidas e culturas esse tipo de conselho ainda não seria sagrado?

27
Paz de espírito

Um irmão que vivia entre outros irmãos perguntou a Abba Bessarião: "O que devo fazer?" O ancião respondeu: "Fique em silêncio e não se compare com os outros".

Por mais que gostássemos que fosse de outra forma, a vida não é uma linha reta. Vezes sem conta, nos encontramos tendo que escolher uma direção ou outra. Mas nenhuma delas é certa. Nenhuma das opções é convidativa. Pior ainda, cada uma delas exige uma ação pela simples razão de que procrastinar não é uma opção: é hora de se mexer. O trabalho terminou. O dinheiro acabou. O ambiente tornou-se tóxico. Nada mais funciona de verdade aqui. E agora? Nós nos estabelecemos onde estamos ou devemos continuar procurando? Em outro lugar, talvez. Em qualquer outro lugar, talvez. E se continuarmos procurando, o que estamos buscando?

A verdade é que "O que eu devo fazer?" é a pergunta que todos têm. É a agitação universal que alcança todas as vidas, às vezes repetidas vezes até fazermos a coisa certa. Mas há um problema espiritual implícito na resposta que o torna impossível de resolver. Tudo depende de como você interpreta a questão. A pergunta real do indivíduo é: "O que devo fazer para lidar com isso?" ou "O que devo fazer agora senão isso?"

Os Mestres do Deserto evidentemente compreenderam o problema. Diálogo após diálogo, a questão ressurge. Mas os Padres do Deserto, ao que parece, também eram sábios o bastante para não tentar responder à questão de algum modo específico. Como em: "Você deveria ir para Tebas agora".

Os Mestres do Deserto sabiam que os aprendizes não estavam de fato pedindo a outra pessoa para escolher a atividade específica que melhor lhes convinha. Pelo contrário. Os Padres passaram suas vidas debruçando-se sobre questões muito maiores do que essa. Eles sabiam que a resposta real dependia primeiro de ajudar cada aprendiz a descobrir e articular a verdadeira pergunta. Era uma questão de levá-los a determinar por si mesmos o que havia feito seus corações hesitarem e seu comprometimento, minguar.

Na presente lição, a situação é óbvia: este aprendiz, um monge mais jovem, ao que tudo indica, veio de longe procurando a orientação espiritual de Abba Bessarião. Mas, por quê? Ele já vivia em uma comunidade de monges onde a orientação espiritual certamente estaria mais do que disponível. Ele não pergunta a Bessarião se pode permanecer com essa primeira comunidade ou ir embora. Ele não está perguntando a Bessarião se ele deveria viver em comunidade com ele como um cenobita ou partir sozinho como um eremita. Não há nada no diálogo que indique urgência ou uma séria confusão moral. Então, o que ele está perguntando?

É a resposta de Bessarião que é a chave universal para a questão universal. Bessarião lhe diz: "Fique em silêncio e não se compare com os outros". Bessarião faz o que o aprendiz deveria ter feito: olha para o que está acontecendo dentro de si e vê o tumulto por si só. O tipo que todos nós provocamos em nós mesmos com tanta frequência. E, então, ele profere a cura: "Fique em silêncio". Pare de ficar obcecado. Pare de procurar pelo próximo acontecimento importante. Aprenda com o que está à sua frente.

Então, como se não bastasse simplesmente pôr um fim à incessante insatisfação dentro de nós, Bessarião toca o ponto nevrálgico das pessoas ansiosas: se você quer ser feliz e calmo, tranquilo e contente com a vida como a conhece, pare de se comparar com as demais pessoas. Fique em silêncio e pare de se comparar com os outros. As duas ideias silenciosas ressoam com a força de um trovão na alma.

Ficar em silêncio nos leva ao centro de nós mesmos. Nesse lugar, as toxinas da desaprovação pública não podem criar raízes. Não há lugar para elas na alma do silêncio onde mora a quietude. Elas simplesmente jazem no útero do eu, não atraindo nenhum rebuliço e não permitindo conflito. O silêncio é o antídoto para a confusão, para a falta de autoconfiança.

Mas então a segunda ideia eclipsa completamente a primeira. O silêncio simplesmente cerca o eu com paredes de acrílico que ninguém pode invadir e ninguém pode romper. É a segunda ideia – a capacidade de contentamento – que faz do eu um mundo impenetrável, mesmo a partir de suas próprias intrusões. É somente comparando-nos com os outros que temos os dados para a decepção. Ao nos recusarmos a ceder a comparações nos vemos suficientes para nós mesmos.

De fato, Abba Bessarião ignorou as perguntas indo direto às respostas que as desmascararam. A pergunta "O que devo fazer?" torna-se "Fique em silêncio. Pare de reclamar. Não espalhe desconforto. Não se compare com os outros. Seja grato pelo que você é e pelo que você tem e pelo que você não tem. Então, você descobrirá que a vida – onde quer que seja, seja ela o que for – é mais do que suficiente para você.

Então, o que acontece com o jovem aprendiz nesse diálogo? Ninguém se importa, porque todos sabem que somos nós mesmos a quem o Padre do Deserto está se dirigindo. E agora sabemos: onde estamos é o suficiente para nós. Não há razão para mudar agora, porque encontramos em nós mesmos a verdadeira ameaça à paz de espírito. E mais: não importa com quem estivermos, nossas vidas estarão plenas. Por quê? Porque nunca nos permitimos ser mais do que somos e, portanto, nunca faremos dos outros menos do que são.

28
Graça e simplicidade

―◈―

Havia um homem que levava uma vida ascética e jejuava. Ele foi visitar um ancião. Acontece que calhou de alguns peregrinos também passarem por lá e o ancião lhes preparou uma modesta refeição. Quando eles se sentaram juntos para comer, o Irmão que estava jejuando pegou uma única ervilha embebida e a mastigou. Quando eles se levantaram da mesa, o ancião chamou o Irmão de lado e disse: "Irmão, quando você for visitar algum lugar, não exponha seu modo de vida, mas se você quiser se agarrar a ele, permaneça em sua cela e nunca saia". Ele aceitou o que disse o ancião, e depois se comportou como os outros sempre que se encontrava com eles.

―◈―

Aconteceu em uma de minhas primeiras visitas à Inglaterra. Eu era uma americana com elevada noção de história britânica e um grande amor pela pompa e circunstância de tudo isso. Andar pelas ruas por onde os reis e rainhas da Inglaterra caminharam ainda era uma bebida muito, muito inebriante. Era história viva e se desenrolando; era a glória viva de dinastias gloriosas. E todos nós fazíamos parte daquilo ainda. Estávamos todos sendo carregados nas costas da grandeza. Certamente essa continuidade dourava a todos nós com a luz das estrelas do passado e o brilho de um presente engomado e adequado.

E, então, eu ouvi a história que mudou minha mente sobre cultura e santidade. Parece que em um grande jantar de Estado oferecido pela rainha, plebeus políticos de todos os cantos do mundo se sentaram entre a Família Real. Desacostumados a jantares formais, eles se confundiram com os múltiplos garfos e colheres, copos de água e taças de vinho que caracterizam a alta sociedade e a propriedade pública. Um representante particularmente desconfortável à esquerda do príncipe brincava nervosamente com a pequena tigela de água ao lado de sua porção de ostras. Destinada a tirar o odor de peixe dos dedos do usuário, ela vinha acompanhada de uma fatia de limão e um pequeno pano de linho. De repente, obviamente nervoso, o convidado olhou, pegou a tigela e bebeu dela. O príncipe sentado ao seu lado e prestes a enxaguar os dedos em sua própria tigela hesitou apenas por um momento. Então, ele a pegou e, como o plebeu antes dele, bebeu dela.

Foi um gesto de humanidade suprema e humildade genuína. O príncipe não envergonhou o plebeu; em vez disso, ele escolheu tornar-se um plebeu. Ele fora ensinado que a essência das boas maneiras é que você não deixe outras pessoas desconfortáveis. Por mais apócrifa que a história possa ser, é, no entanto, um apelo ao tipo de humanidade que caracteriza o melhor da sociedade britânica, de Westminster ao Soho.

Mas os Padres do Deserto sabem de algo que o príncipe não sabia. Nesta presente lição sobre santidade, os Padres do Deserto nos dizem primeiro o que a santidade não é. Os anciãos do deserto, as figuras de sabedoria da época, conhecem a diferença entre a pseudossantidade e a verdadeira santidade. A verdadeira santidade, como a história mostra claramente, nunca envergonha o outro. Nem domina sobre os outros. Tampouco desfila seus símbolos religiosos como insígnias de piedade pessoal que são, na verdade, indicações de orgulho pessoal.

As lições ainda são pertinentes. Mesmo em sociedades que valorizam o pluralismo e apoiam atividades inter-religiosas, a tendência de comparar nossos próprios festivais religiosos com a identidade religiosa pública de outros permanece uma constante. Mas não são nossas diferenças que medem nosso testemunho religioso. É o que fazemos juntos para tornar o mundo um lugar melhor. Santidade não é o que fazemos para nos tornarmos o centro da atenção pública como figuras religiosas; tem a ver com o que fazemos pelas pessoas ao nosso redor que precisam de uma figura de fé para sustentar a sua própria – seja qual for sua denominação.

Neste ensinamento, a crença do Padre do Deserto está na bondade de todas as pessoas da comunidade, não na hierarquia religiosa. O Santo ignora aquele que está ocupado exibindo sua santidade, mas se identifica com a simplicidade do restante da comunidade.

Ainda mais importante para o nosso próprio aprendizado é o fato de que o Santo dá à pessoa religiosa pomposa uma escolha clara: parar de posar ou comprometer-se com um estilo de vida eremítico longe daqueles que sentiriam repulsa ao pensar na religião como algum tipo de extremismo público. Para o Padre do Deserto, a religião não era um exercício público. Era uma busca puramente pessoal e totalmente interior da vida espiritual. Entregar-se a uma vida verdadeiramente religiosa era buscar a sabedoria, tornar-se simples, mergulhar na Palavra de Deus até que ela permeasse todas as dimensões da vida.

Mas o falso Padre do Deserto neste ensinamento é uma lição objetiva sobre o que não é um autêntico senso de compromisso. Este novo monge busca a aprovação pública – até mesmo admiração, talvez. Ele pretende ser uma inspiração ao invés de um modelo. Ele vê a vida espiritual como uma espécie de mímica em vez de um compromisso de mudança de vida. Com esse tipo de piedade plástica ele nunca pode realmente se tornar uma testemunha autêntica de nada além de si mesmo. É uma vida vazia, buscando o autoengrandecimento. Não tem nada de profundo para oferecer aos outros, e tampouco tem ideia do que significa tornar-se mais do que o eu.

Aqui, neste conto dos Padres do Deserto, um religioso postiço finge ser simples na casa daqueles que são verdadeiramente simples, e não vê neles a autenticidade que lhe falta. Somente o velho monge reconhece o que está acontecendo e convida o religioso público a deixar a comunidade pública em vez de enganar ainda mais seu senso de espiritualidade.

A história nos deixa duas perguntas principais: quanto de mim é realmente religioso e não um simulacro? E segundo: sou sincero o bastante sobre qualquer coisa para descobrir o que realmente tenho, bem como o que realmente me falta espiritualmente? É possível que eu me torne um discípulo que possa se concentrar em qualquer outra coisa que não seja o eu?

29
O propósito do trabalho

Um ancião disse: "Eu nunca quis um trabalho que fosse útil para mim, mas danoso para meu irmão. Pois tenho o ponto de vista de que o que ajuda meu irmão é frutífero para mim".

Se há algo que demonstra as diferentes mentalidades entre os Monges do Deserto e o mundo moderno pode muito bem ser isso. No século XXI, em nossa vida e nesta cultura, os empregos se tornam o centro da vida. O que fazemos determina quem somos – e se o que somos pagos para fazer vale ou não uma vida. Perguntamos a crianças de seis anos de idade o que elas querem fazer na vida e por quê. Pedimos aos alunos do ensino médio que decidam sobre os cursos universitários de acordo com o trabalho que esperam fazer quando saírem da escola. E, acima de tudo, vinculamos nossa definição de sucesso ao fato de sermos ou não pagos para fazer o que dizemos que queremos fazer.

Como resultado, alguns de nossos jovens crescerão como engenheiros que começarão a atuar nas novas empresas que trabalham com extração de gás por meio de fraturamento hidráulico, enquanto outros se tornarão advogados que lutam contra o desenvolvimento do fraturamento, alegando que este método afeta a pureza das águas subterrâneas do estado. Para cada interesse, criamos um contrainteresse. Desenvolvemos banqueiros que criam fundos de cobertura para aumentar os empréstimos. Em seguida, criamos conselhos de reguladores governamentais que expõem os falsos lucros com os quais os tomadores de empréstimo estão contando. Na verdade, o trabalho é exatamente o que divide a comunidade moderna.

E no entanto, em uma cultura de Padres do Deserto, em que todos vivem vidas espirituais altamente individualizadas, a base da comunidade – de acordo com este dito – é exatamente o oposto. O monge diz: "Eu nunca quis um trabalho que fosse útil para mim, mas um dano para meu irmão". Hoje, a questão de quem ou o que será prejudicado pelo trabalho que estou fazendo ainda não faz parte da consciência social. O planejamento urbano demarca as áreas residenciais e as zonas comerciais para definir e separar umas das outras. Mas ninguém pergunta se o que é feito em uma parte da cidade pode não estar ameaçando a vida ou a subsistência de outras pessoas naquela mesma cidade.

Ouvir o Padre do Deserto dizer "Tenho o ponto de vista de que o que ajuda meu irmão é frutífero para mim" rasga o véu que torna possível esconder a diferença entre lucro e progresso. O fato é que aprendemos cedo em um mundo industrializado a pensar que tudo o que gera lucro também possibilita o progresso.

Apenas cem anos depois eles nos dizem que o pó de carvão causou a doença do pulmão negro. E que as armas nucleares ameaçam toda a vida no planeta. E que não temos a intenção de taxar a mineração de carvão para pagar os danos causados pela doença do pulmão negro às pessoas que o extraíram. Ou, mais precisamente, continuamos produzindo armas nucleares apesar do fato de já termos armas nucleares mais do que suficientes para destruir toda a vida na Terra. Não nos perguntamos – embora presumamos – se "o que ajuda meu irmão é frutífero para mim".

Os resultados são óbvios: nossas vidas são vividas na esperança de que nossas próprias escolhas sejam vitais para os outros, mas ainda temos que aceitar o princípio de que o que não é bom para os outros – nuclearismo, agricultura geneticamente modificada, combustíveis fósseis – não é frutífero para nós, também.

A sabedoria dos Padres do Deserto sobre o trabalho é mais clara neste século do que poderia ter sido em seu próprio tempo. É hora de provar a nós mesmos e aos outros que a maneira como ganhamos a vida também melhora a vida dos semelhantes. "Eu nunca quis um trabalho que fosse útil para mim, mas danoso para meu irmão", diz o ancião. No entanto, antes que isso possa ser a situação novamente, todos nós precisaremos entender por que fomos criados para começo de conversa.

Evidentemente, a função do trabalho é concluir a criação iniciada por Deus, mas destinada a ser completada por nós. No entanto, o planeta está sendo cultivado pelo mundo industrializado para lucrar com o mundo industrializado, enquanto os recursos africanos estão sendo roubados em todos os lugares. Crianças indianas estão trabalhando por salários miseráveis para vestir as crianças do Ocidente. Pesca-se nos mares com pouca ou nenhuma preocupação com sua restauração. E o tempo todo os dons da humanidade estão sendo gastos na degradação da criação.

A finalidade do trabalho é o cuidado do outro. E os Padres do Deserto nos mostraram como isso pode ser – deve ser – feito. Até que a consciência da importância do meu trabalho para o desenvolvimento do mundo seja universal, todos nós simplesmente continuaremos a trabalhar para o nosso próprio bem. O que, ironicamente, será exatamente a decisão que destruirá nossos próprios sonhos e os de todos os outros.

30
Nossos valores, nossas escolhas

Um ancião disse: "Se você perdeu ouro ou prata, pode encontrar algo no lugar do que perdeu. No entanto, se você perder tempo, não poderá substituir o que perdeu".

Este dito dos Padres do Deserto tem séculos de idade e, no entanto, o *insight* é certamente tão atual hoje como era quando foi coletado pela primeira vez como um exemplo de sabedoria incomum. A pergunta é: por quê? Afinal, os primeiros monges viviam no meio do deserto, fora das grandes cidades do Egito. Suas vidas eram simples, até mesmo miseráveis. Então como eles podiam ser tão indiferentes quanto a perder ouro ou prata?

O segredo do que lamentaríamos se o perdêssemos está mais no que valorizamos do que no que temos. Os velhos Padres do Deserto não tinham prata nem ouro, mas, mais do que isso, eles simplesmente não se importavam com isso para começo de conversa. Como a maioria de nós, eles se importavam com o que valorizavam. E embora as coisas valham seja qual for a quantia que lhes forem atribuídas, cada item começa com um valor interno. Uma coisa vale, em outras palavras, seja o que for de que outra pessoa esteja disposta a abrir mão para obtê-la. Mas também vale o que abriríamos mão para obtê-la em primeiro lugar. Eu poderia estar disposto a desistir de dormir, talvez. Por algo como os pagamentos da hipoteca de uma casa, pode valer a pena abrir mão do tempo com a família e arranjar um segundo emprego. Todo o esforço que estou disposto a fazer para extrair diamantes ou garimpar ouro tem algo a ver com o que valorizo – e o que não valorizo.

De fato, os Padres do Deserto não valorizavam as "coisas". Na verdade, eles tinham, conscientemente, desistido de coisas há muito tempo. Em vez disso, valorizavam a única coisa que lhes dava a opção de se tornarem o que eles valorizavam. O que eles realmente queriam era o tempo para se tornar o melhor de tudo o que a vida pudesse desafiá-los a ser.

Nesta cultura, por outro lado, parecemos pensar que ouro e prata, riqueza e influência, são a resposta para tudo. Trabalhamos duro para comprar uma casa de verão grande o bastante para agradar nossos filhos e entreter nossos amigos. Mas quando já estamos idosos o suficiente para descansar lá, as crianças já saíram de casa. Os amigos se mudaram. E aprendemos algo novo: que esse tipo de descanso não interessa mais a ninguém.

Então, para que servem o ouro e a prata que possuímos, contamos ou juntamos? De que forma, se houver, eles dão valor à vida? Sim, ouro e prata podem nos dar carros novos e uma viagem em família pelos Estados Unidos e uma festa de aniversário luxuosa. Melhor ainda, podemos trocá-los por mais arte ou mais terrenos ou um apartamento maior. Mas por quê? E depois? Quem nos tornamos fazendo essas coisas? Que tipo de pessoa somos uma vez que todos os tesouros, todas as relíquias foram penduradas? O que aconteceu com minha vida como resultado do que fiz com meu ouro e minha prata? O que aconteceu com o casamento, com os filhos, com os sonhos que sonhei, mas nunca tive tempo de seguir? Para quem somos importantes agora? Ou, melhor ainda, o que aconteceu com minha vida por causa de todo o tempo que perdi? Cada parte dela era para ser outra parte da minha plenitude. E tanto está faltando que é tarde demais para prosseguir agora.

As questões são enormes. Exigem que vejamos a vida como um todo, e não como uma série de triunfos autodeterminados e isolados. Elas nos estimulam a examinar cada elemento da vida – o físico, o emocional, o social, o ético e o espiritual – e o efeito do tempo em cada um deles. Elas nos obrigam a admitir para nós mesmos o que não está acontecendo em nossas vidas porque, pelo menos em um nível, escolhemos contra isso.

Em nossa escolha por ouro e prata, os anciãos sabiam – por coisas e não pela qualidade de vida oferecida por um uso mais humano do tempo –, muito da vida desaparece despercebido e desperdiçado.

Trabalhamos muito e por muito tempo para não deixar espaço para uma vida verdadeiramente espiritual e nossas próprias reflexões sobre o tipo de vida que estamos vivendo. Em vez disso, a vida se torna uma corrida e um contracheque com pouca pausa para determinar o que isso está fazendo conosco interiormente. Então, fazemos ainda menos balanços do quanto nossa vida pode significar para as pessoas ao nosso redor se fizermos outra coisa com ela. Fisicamente, não conseguimos entender que a fadiga profunda e a perda da boa ordem em nossas vidas são um subproduto direto de não nos permitirmos tempo para descanso genuíno e reflexão interna. Sentimos a vida fora de esquadro antes de percebermos que nos encurralamos em um canto e em uma caverna de nossa própria criação.

Quando o colapso psicológico finalmente chega – e ele virá –, nos encontramos emocionalmente cegos para os efeitos do estresse. Perdemos a noção dos anos em que demos a cada dimensão da vida um tempo e um lugar. Esquecemos que a vida tem um dom e uma lição para reconhecermos e dos quais extrairmos direção emocional, se dedicarmos tempo suficiente. Socialmente, quando nos entregamos a uma dimensão da vida, perdemos o controle do que significa viver bem no dia a dia. Cortamos partes inteiras da vida – novos amigos, novos entretenimentos, novos projetos em grupo – e corremos o risco de ficar mais solitários a cada dia. Então, podemos colecionar medalhas e condecorações aos montes. Mas medalhas e condecorações, estátuas e fama têm pouco ou nada a ver com a vida realmente boa. As coisas – o ouro e a prata da vida – podem se tornar empreendimentos comerciais, atrações, desafios e até mesmo uma espécie de definição pública. Mas o que acontece com elas, conosco, quando seu tempo termina? Como vamos definir o tempo que gastamos com elas? Importante? A quem? E por qual motivo?

A sabedoria dos Padres do Deserto é ao mesmo tempo simples e dolorosa: tenha cuidado em que você emprega sua vida, eles advertem. No final, é a maneira como usamos o tempo para desenvolver todas as dimensões da vida que determina o valor de nossa existência.

31
A dimensão espiritual das palavras

Abba Tiago disse: "Não queremos apenas palavras, pois há muitas palavras entre as pessoas hoje. O que precisamos é de ação, pois é isso que estamos procurando, não palavras que não dão frutos".

De uma cultura de silêncio há mil e oitocentos anos, vem uma advertência sobre as palavras. O que faz sentido, claro. Afinal, quem mais podemos esperar que seja mais consciente do excesso de palavras do que aqueles cuja inclinação é dobrar a alma ao silêncio? Mas, ao mesmo tempo, o que um mundo distante pode ter a nos dizer agora que o eixo do planeta virou exatamente de cabeça para baixo?

Agora, toda a nossa cultura gira em torno das palavras. Na verdade, nosso mundo se afoga em palavras em todos os lugares. As palavras deslizam na parte inferior das nossas telas de televisão. Enquanto assistimos a uma coisa, elas ao mesmo tempo exigem nossa atenção para outra informação. Quando fazemos longas viagens por quilômetros de campos intocados, as palavras enchem todas as principais rodovias com *outdoors* baratos e de mau gosto. Eles interrompem as cenas naturais mais impressionantes da terra com *kitsch*. Personagens de desenhos animados em cores flamejantes ofuscam a curva do rio. Tintas berrantes irrompem no horizonte crepuscular para dizer: "Panquecas *country* à moda antiga do *Jake*! – Próxima saída". A noite estremece com a estupidez disso. Ao contrário dos Padres do Deserto, somos completamente assediados por palavras.

Nossa pergunta, então, é: o que se pode fazer neste século senão render-se? Uma vez que não há como fugir das palavras, devemos aceitá-las todas? Ou é melhor ficar atento a elas, por medo de perdermos as boas? Ou devemos simplesmente nos acostumar de tal forma com as palavras que elas acabem desaparecendo no pano de fundo da vida? E como poderemos distinguir uma classe de palavras de outra, as excelentes das ruins, as importantes das tolas?

Abba Tiago é rápido em fazer a distinção para nós. Ele não aconselha as pessoas a ignorar as palavras. Pelo contrário, ele nos chama a um discernimento claro e discriminador. Ele não está pedindo às pessoas que ignorem ou desconsiderem o que ouvem. Na verdade, ele está pedindo às pessoas que prestem muito mais atenção do que normalmente fazem aos efeitos e propósitos das palavras. Ele está chamando as pessoas para perceberem a dimensão espiritual das palavras. A maneira como respondemos às palavras ao nosso redor tem, diz ele, tanto a dizer sobre nós quanto sobre as próprias palavras.

Palavras, ele nos diz, pedem ação. O que ouvimos requer uma resposta, ou as palavras cairão em outros ouvidos, tocarão outros corações, moldarão a vida de outras pessoas de maneiras que mais distorcem do que desenvolvem. O que deixamos de responder afeta o mundo ao nosso redor. As palavras não são desprovidas de significado, efeito, valor espiritual, impacto social. E cabe a nós tornar as palavras reais – ou rejeitá-las para fazê-las desaparecer.

O fato é que as palavras nunca são o que podem parecer. As palavras obscurecem a realidade assim como a esclarecem. Chamamos o álcool de "entretenimento", por exemplo, e defendemos seu poder de nos relaxar. Mas quando alguns drinques significam descontrole, menos responsabilidade, essas palavras devem ser desmascaradas. Quando as palavras escondem a imoralidade do tráfico de meninas, chamando-o de "entretenimento adulto", Abba Tiago chama esta sociedade, como fez com a dele, à ação.

As palavras edificam, mas também podem ferir. Quando as palavras são usadas para destruir a confiança do outro, para ridicularizá-lo, para minar sua energia, nós matamos a vida do outro tão seguramente quanto com uma arma. Quando permitimos que as palavras sejam usadas em nossa presença de maneira que reduzam as mulheres a coisas e os homens a animais, quando as ouvimos e não dizemos nada em resposta, entorpecemos nossas almas e fazemos das palavras o motor da destruição social.

As palavras podem disfarçar o mal e manipular o pensamento com a mesma facilidade com que tiram os véus da desonestidade – as meias-verdades usadas para vender bens inferiores ou promover comportamento imoral.

Chamamos a prática de vender dívidas a vários compradores anônimos de "fundos de cobertura" – que nos escondiam da responsabilidade – e derrubamos a economia. Chamamos a guerra de "defesa", mas agora sabemos que não existe defesa contra armas apontadas a meio mundo de distância. E dizemos que as estamos usando apenas para destruir pais trabalhadores, mães grávidas, crianças pequenas em nome do nacionalismo, democracia, justiça e liberdade, sem nem mesmo a decência de corar.

Na verdade, Abba Tiago fala muito claramente para nós e nosso século, com muito mais certeza do que ele jamais poderia ter falado com o seu próprio. Ele nos fala das profundezas de seu antigo deserto para a esterilidade e a desolação do nosso. Mas estamos atolados em dinheiro e opressão, luxúria e exploração, abuso de crianças e espoliação de mulheres em todos os lugares – inclusive nas ruas de nossas próprias cidades. E usamos palavras – progresso, sucesso, igualdade e justiça – para encobrir isso.

Abba Tiago nos pergunta: o que você está dizendo sobre isso? E o que você está fazendo para impedir isso? E nossa resposta é...?

32
Santa generosidade

Abba Epifânio disse: "Deus vende a justiça muito barato para aqueles que estão ansiosos para comprar: ou seja, por um pequeno pedaço de pão, roupas sem valor, um copo de água fria e uma moeda".

Talvez uma das perguntas mais difíceis para um cristão moderno responder seja se a espiritualidade realmente tem algo a ver com a vida moderna em um mundo pluralista. Se a espiritualidade dos Padres do Deserto pode ou não ser reconciliada, por exemplo, com a espiritualidade articulada nas encíclicas sociais do Papa Leão XIII. Ou mais diretamente ainda: o que a espiritualidade dos Padres do Deserto do terceiro ao quinto séculos tem a dizer a um mundo assolado pela pobreza, ameaçado pelo nuclearismo e lidando com a fome global? Afinal, não são essas questões políticas em vez de questões espirituais? E, em caso afirmativo, como podemos nós, como indivíduos, esperar seriamente influenciar sua resolução?

Por exemplo, a perspectiva de um mundo dependente de sementes geneticamente modificadas levanta a questão da esmola global. Sementes não reproduzíveis tornarão impossível para os pobres até mesmo cultivar seus próprios alimentos à medida que a economia global se inclina cada vez mais para o Ocidente tecnológico. A própria comida se tornará uma arma, pois uma parte do mundo tem o poder de privar a outra parte do mundo de sementes por causa do ganho político. O que uma tradição espiritual com mais de dezoito séculos pode ter a dizer a situações como essa?

Os Monges do Deserto viviam em grande parte de confeccionar cestas que levavam ao mercado e vendiam. Além disso, as pessoas realizavam peregrinações ao deserto para visitar comunidades monásticas e faziam doações para sustentá-las. E, também, as pessoas que passavam pelos monges nas estradas compartilhavam suas próprias cestas de pão ou suas roupas velhas para ver os monges ao longo das estações. As pessoas faziam doações por reverência àqueles mendigos sagrados, cuja hospitalidade liberal para com os outros, apesar de seus próprios recursos limitados, modelava a generosidade sagrada. Mais do que isso, seu compromisso com a pobreza pessoal era em si um sinal brilhante de dependência de Deus e liberdade da escravidão às coisas deste mundo. Os monges sustentavam as pessoas espiritualmente, e as pessoas sustentavam os monges fisicamente. Foi um casamento feliz de serviço e apoio.

De certa forma, essas coisas ainda acontecem em nosso próprio tempo. As comunidades monásticas recebem doações até hoje e depois as compartilham com todos os outros que lotam suas portas em busca de abrigo ou dependem da sopa distribuída aos pobres. Os indigentes desempregados –

muito ignorantes para operar computadores – ficam entre as faixas de carros em nossas ruas e seguram placas que dizem: "Trabalho por comida", ou tocam flauta irlandesa nas entradas dos *shoppings* para ganhar a vida. Nunca há o suficiente na comunidade privada para alimentá-los todos.

O fato é que a esmola sempre foi uma marca fundamental da verdadeira religião. O mundo foi feito para todos, argumentava o grande religioso, e todos devem receber sua parte. A terra produz o suficiente para todos. Portanto, espera-se que todos cuidemos para que aqueles que não podem se sustentar recebam, no entanto, o que é preciso para viver uma vida decente.

Deus, Abba Epifânio afirma claramente, recompensa os doadores. É um preço bastante pequeno, observa ele, para pagar por justiça com tão pouco investimento: um pouco de comida, algumas roupas velhas, uma moeda. De fato. Mas os mendigos de então e os mendigos de agora mudaram ao longo dos tempos. Assim como suas esmolas.

Os mendigos então tinham pouco menos do que a maioria das pessoas que compartilhavam seus alimentos com eles. Os que tinham mais deram aos que tinham menos para que todos pudessem ter o suficiente. Os mendigos agora, rejeitados por todos os lados, vivem envergonhados em quartos vazios ou ficam em longas filas para mendigar migalhas dos órgãos governamentais mais ricos do mundo. Aqueles que vivem mendigando agora conhecem o resto de nós melhor do que a maioria. Eles sabem como somos realmente cuidadosos quando, em ternos de seda, lhes damos alguns trocados. Eles sabem que nos ressentimos dos cupons de alimentação que eles recebem. Eles sabem que o chamado salário-mínimo, que contrata pessoas em tempo integral por salários de meio período, nem de longe é o suficiente para o sustento de suas famílias, por mais que se esforcem. E eles sabem que tais políticas transformam os trabalhadores em mendigos – uma verdade que seus cidadãos abastados e seus governos ricos se recusam a reconhecer.

A questão, claro, é se tal exiguidade hoje realmente compra justiça em um mundo onde para se fazer parte do 1% superior da população da Pensilvânia, por exemplo, o Google diz que seria necessário ganhar 355 mil dólares por ano. Na Califórnia, esse número seria de 540 mil. E aí, as pequenas moedas do 1%, dos 5%, dos 25%, dos 50% tilintam contra a tigela da mendicância. Melhor a oferta da velha viúva do que a caridade diluída dos ricos que passam.

Os Padres do Deserto nos deixam com perguntas tão ardentes tantos anos depois: é de justiça que estamos falando quando jogamos uma moeda ou duas na tigela ao passarmos? Ou é exibição? Ou culpa? Ou é simplesmente aborrecimento por aqueles que não têm nada não terem se saído nem de perto tão bem quanto nós mesmos? Por que é assim? É por que eles são preguiçosos? Por que eles gostam de mendigar? Por que é uma boa vida? Porque nós mesmos nunca fizemos *lobby* por um salário-mínimo mais alto, não fizemos nada para ajudá-los a alimentar seus filhos e pagar suas contas de luz para manter o frio longe.

Enquanto isso, ouvimos que 3.300 pessoas dormem nas ruas de Nova York todas as noites no frio. Ainda mais pessoas dormem em apartamentos sem aquecimento e sem mobília em todas as cidades do chamado mundo desenvolvido – ou seja, rico.

O que devemos fazer para impedir Abba Epifânio de nos assombrar nestes dias? O pouco que fazemos é um preço suficiente para pagar pela justiça que dizemos que buscamos – a mesma justiça que dizemos a nós mesmos com confiança que temos? Essa ajuda parcimoniosa é suficiente para salvar o resto do globo da miséria e a nós da justa ira de Deus?

Certamente os Padres do Deserto estabeleceram um padrão alto.

33
Poder e pacifismo

Havia dois anciãos que viviam juntos há muitos anos e nunca haviam tido uma discussão. Então, um deles disse: "Vamos tentar ter uma discussão uma vez como os outros fazem". E o outro respondeu: "Não sei como acontece uma discussão". Aí, o primeiro falou: "Olha, eu coloco um tijolo entre nós e digo: 'Isso é meu', e você diz: 'Não, é meu', e depois disso começa uma discussão". Então, eles colocaram um tijolo entre eles, e um deles disse: "Isso é meu", e o outro falou: "Não, é meu". E ele respondeu: "De fato, é todo seu, então, leve-o com você!" E eles foram embora incapazes de ter uma discussão um com o outro.

Ao longo dos anos, em face das guerras mundiais e dos esforços internacionais diante do holocausto, os homens se concentraram no estudo das relações humanas. Estudiosos reuniram e analisaram informações de todos os níveis da atividade humana – pessoal, organizacional e internacional. As características da comunicação humana e a natureza e resolução do conflito humano têm concentrado a atenção de pesquisadores em todo o mundo; poucas outras disciplinas sociais têm reivindicado tanta atenção quanto esta.

A ironia da situação reside no fato de que as disciplinas espirituais também chamaram atenção considerável para a capacidade do ser humano de exercer controle emocional nas interações humanas. No entanto, os ideais religiosos não eliminaram a violência. De fato, a esperança de poder controlar o grau de dano humano e social causado em nome das tensões nacionais e domésticas neste momento parece escassa. A formação religiosa, no entanto, foi capaz de afirmar as dimensões morais do comportamento humano e, portanto, o padrão de paz, como uma qualidade essencial da pessoa religiosa. Mesmo os Padres do Deserto, separados da instituição cívica e quase totalmente independentes até mesmo dos regimes religiosos, examinaram o assunto.

Nesta história da experiência de dois Padres do Deserto, quatro princípios espirituais simples e básicos emergem na tentativa de ensinar o que é preciso para se tornar uma presença pacifista na vida da comunidade cristã primitiva.

Na primeira cena, a situação é clara: a paz deve ser ensinada. Os dois anciãos, figuras de sabedoria da comunidade monástica, depois de anos de convivência, simplesmente não sabiam como ter uma discussão. Eles nunca vivenciaram uma situação em que a discussão fosse a língua franca da vitória ou da negociação. Ter vivido onde a natureza do ambiente ao seu redor era pacífica não os preparou para usar nem a força nem o litígio. Eles simplesmente não sabiam como se envolver em brigas verbais, que dirá dominação, interrupções, gritos, vociferações... Eles não tinham visto essas coisas em ação. Não tinham modelos de como fazê-lo. Não haviam absorvido a fina arte da manipulação emocional. A noção de se comportar de uma forma nada racional, a ideia de atacar o outro com o propósito de induzir uma rendição antecipada, a possibilidade de encenar um colapso emocional para incrementar o melodrama em benefício próprio, estavam fora de questão.

Na segunda cena, o que a história provou ser a essência da maioria das discussões é neutralizada. Um ancião simplesmente se recusa a reivindicar o que não é dele. Ele não reivindica seu direito a algo que não lhe pertencia mais do que pertencia a seu irmão. Na verdade, nenhum dos anciãos expressa uma reivindicação desonesta aos bens que poderiam facilmente pertencer ao outro. Quando o segundo ancião concorda em abrir mão da reivindicação na qual uma discussão precisaria se basear, simplesmente não há fundamento para discordância. Ele sabia que ele próprio não tinha o direito a disputar o tijolo. E ele não o faz. Se poderia ou não haver alguém com uma reivindicação justa era irrelevante agora. Essa discordância, pelo menos, era infundada. E assim, ele não tinha nada pelo que disputar. O aprendizado é óbvio. Recusar-se a discutir, recusar-se a escolher um lado – não importa quem tente atiçar o fogo ou queira criar caso onde não existe nenhum caso – desarma o mundo.

Na terceira cena, a ciência da guerra é embaraçosamente óbvia: o conflito não é necessário se ninguém deseja lutar. Lutar é algo que escolhemos fazer; não o que devemos fazer. Podemos, é claro, nos afastar de lutas que só vão trazer mais perdas do que ganhos.

Por fim, ensinam os anciãos, a disputa pode ser interrompida. No calor da situação, podemos simplesmente entregar o que está em jogo a quem o reivindica e escolher outra maneira de prosseguir com a questão – como agiram na Segunda Guerra Mundial os franceses, que permitiram que os alemães tomassem o país e, em seguida, trabalharam às escondidas para sabotar tudo o que eles faziam. De maneiras silenciosas e secretas, os impotentes têm outro tipo de poder.

Os Padres do Deserto são surpreendentemente contundentes aqui. O certo é que a violência não é necessária e que o lado não violento nunca é, de fato, impotente. A questão é: que tipo de mundo você quer construir? Por qual tipo de poder você quer ser conhecido? Que tipo de poder você vai produzir?

34
O que é santidade?

Um irmão disse a um ancião: "Há dois irmãos. Um deles fica em sua cela em silêncio, jejuando por seis dias de cada vez, impondo a si mesmo rigorosa disciplina, e o outro ajuda os doentes. Qual deles é mais aceitável a Deus?" O ancião respondeu: "Mesmo que o irmão que jejua por seis dias se pendurasse pelo nariz, ele não poderia se igualar àquele que ajuda os doentes".

Este ensinamento fala do que é preciso para ser verdadeiramente religioso. A lição que os Mestres do Deserto nos deixam aqui é básica, conclusiva. Em primeiro lugar, é o ensinamento de um ancião – uma das figuras de sabedoria de longa data do deserto. Alguém que trilhou a vida monástica por anos. Alguém fiel ao seu propósito. Alguém que era claramente um sinal de seu valor. Alguém de quem outros buscavam orientação espiritual. Como esse jovem irmão da história que era novo na vida espiritual e procurava encontrar seu caminho – como todos nós buscamos.

A pergunta que o jovem irmão faz ainda é um questionamento habitual, mesmo séculos depois. Ele o incorpora na história de dois outros jovens irmãos: um jejua por seis dias de cada vez e leva uma vida altamente disciplinada – mantém uma regularidade em suas obrigações, respeita rigorosamente o momento de oração, nunca evita a leitura das Escrituras. É o modelo em pessoa dos ideais religiosos. O primeiro é um modelo religioso. Tudo o que sabemos sobre o segundo irmão, no entanto, é que ele ajuda os doentes. Não há menção alguma sobre cronogramas ou jejuns. Qual irmão é mais aceitável a Deus, questiona o jovem?

O que é melhor, espiritualmente falando, todos nós queremos saber, enquanto escolhemos nossos modelos de vida. Uma vida de disciplina espiritual e práticas ascéticas, ou uma vida dedicada a cuidar das necessidades dos outros, mas, aparentemente, um pouco relaxada em relação às nossas próprias necessidades?

O ancião não perde tempo pensando na resposta. Sobre tal questionamento não lhe resta dúvida. Sua resposta ao jovem discípulo não dá margem a interpretações errôneas. Nenhuma exorbitância de jejum pessoal, diz ele, nos salvará. Nenhuma medida de ascetismo pessoal dourará nossa alma. "Mesmo que o irmão que jejua por seis dias se pendurasse pelo nariz", ele insiste, "ele não poderia se igualar àquele que ajuda os doentes".

O que estamos ouvindo aqui? A pergunta é clara: quando tudo terminar, quando tivermos rezado nosso último terço, feito nossa última visita à igreja, efetuado nosso último retiro privado, recitado a última de nossas orações, jejuado todos os dias de nossa última Quaresma e nos pendurado pelo nariz no campanário da igreja como sinal de nosso compromisso eterno com Deus, isso terá sido suficiente para nos qualificar como santos?

Diz o ancião: somente se passássemos a vida cuidando de quem não pode cuidar de si mesmo. Por quê? Porque este é o ensinamento que mais reflete a vida de Jesus, sobre o qual se baseia a vida dos monges. Os Padres do Deserto seguem o Jesus que anda da Galileia a Jerusalém curando os doentes, ressuscitando os mortos e contestando aqueles ao longo do caminho que diriam que observar a Lei é mais importante do que atender às necessidades das pessoas.

Mas quem são elas? – Quem são? É a idosa do outro lado da rua, fraca demais para cozinhar seu próprio jantar. Quem? A criança sem uma família em casa para cuidar dela depois da escola. Quem? A mãe cujo filho está preso por assassinato. Quem? Os que passam frio durante o inverno e vivem nas ruas. Quem? As mulheres pobres na cadeia que não têm dinheiro para conseguir um advogado. Quem? Os doentes. Os abandonados. Os que vivem sozinhos. Os indigentes. Qualquer um que esteja sempre precisando de nós porque não há mais ninguém para cuidar deles. Isso, diz o ancião, é santidade. É essa santidade que deve ser fruto de todas as nossas práticas religiosas. E não pode ser substituída por "bancar o santo" para que todos vejam enquanto vivemos apenas para nós mesmos.

"Abba, dê-nos um ensinamento", clamam os discípulos. E o ensinamento que se recebe é este: não pense que a vida espiritual tem a ver com si mesmo. É um ensinamento duro. Mas é o único que conta.

O fato é que o único propósito para a vida espiritual, os Padres do Deserto nos ensinam até hoje, é começar a ver o mundo como Deus o vê. Consiste em se tornar o eu que vê a vida através dos olhos de Jesus e, então, como Jesus, se humilha para se tornar o milagre que o mundo aguarda.

35
Torne-se o fogo!

Abba Lot foi ver Abba José e disse: "Abba, tanto quanto posso pratico a Regra, mantenho meus jejuns, faço minhas orações e meditação, permaneço em silêncio e, o máximo que me é possível, conservo puros meus pensamentos. O que mais devo fazer?" Então, o ancião se levantou e estendeu as mãos para o céu. Seus dedos pareceram virar dez tochas acesas. E ele disse: "Por que não se tornar o fogo?"

A vida espiritual, como tantas outras coisas nesta existência, é vivida em etapas. E, ironicamente, não consiste em alcançar uma esfera mais elevada da vida espiritual; trata-se de descer para onde temos que estar na vida. "Ascendemos pela humildade", como dizem os antigos, e caímos por orgulho. Nós nos aproximamos do que deveríamos ser, tornando-nos nossos *eus* mais verdadeiros, mais reais e menos a cópia carbono de um asceta do século XVI ou um potentado clerical do século XIX. Abba Lot entendeu tudo errado.

Mas se ficarmos próximos da realidade, aprenderemos mais cedo ou mais tarde que não estamos em busca de um caminho mais elevado para uma vida mais elevada. Estamos, em vez disso, em uma estrada muito sinuosa que não leva a lugar algum, mas em todos os lugares há a necessidade de mim – por meu verdadeiro cuidado, presença genuína, humildade sincera e compromisso absoluto de me tornar a presença de Deus onde quer que eu esteja.

O problema é que pode levar anos para entender as implicações de palavras como estas. Começamos jovens, a maioria de nós, e acreditamos em tudo o que nos dizem: estas são as regras; estes são os pecados. Aqui estão as práticas, as orações, as disciplinas, as tradições. Mantenha-as. Existem os modelos a seguir e os cuidados a ter em mente e as armadilhas a evitar e, claro, as prescrições a preservar a todo o custo.

Mas a vida espiritual não é um programa. Embora um programa – se for certo para a pessoa, se adequar-se à personalidade e alentar a alma – pode certamente lançar uma pessoa no caminho da perfeição. Mas, curiosamente, a vida espiritual nada tem a ver com perfeição. Tem a ver com a direção da mente, a orientação da alma e a batida do coração.

Em vez de ser uma rotina militar que foca a mente e exercita o corpo, a vida espiritual cativa a alma do indivíduo a tal ponto que toda a vida se torna seu caminho espiritual. Conduz uma pessoa com energia inabalável ao que se torna a fonte da vida de um indivíduo – e a única razão suficientemente clara e fascinante para fazer uma pessoa sair da cama de manhã. Crescemos em discernimento. Desenvolvemos em compreensão. Avançamos em sabedoria. E chega um ponto em que a consideração cautelosa, os passos hesitantes e os comportamentos ordenados não são suficientes. Chega um momento em que a vida espiritual é mais do que um programa de exercícios espirituais. É o mergulho de toda a alma na vida; uma vida vivida a partir de uma perspectiva espiritual, através dos olhos dos pobres e necessitados.

Então, paramos de nos preocupar com "o que as pessoas vão pensar", quando nos manifestamos contra a participação contínua do país na última guerra. Defendemos creches subsidiadas. Paramos de nos preocupar se um casal no grupo de discussão de livros de nossa igreja é heterossexual ou homossexual. Paramos de nos preocupar se homens – ou mulheres – se ocupam da homilia desde que ela abra meus olhos para Jesus. Nós nos juntamos a um grupo inter-religioso como um compromisso com a paz mundial. Tornamo-nos totalmente humanos e amorosos. Acima de tudo, começamos a ver toda a vida através do filtro dos evangelhos, das bem-aventuranças e do compromisso com a paz e a justiça para todos. Tornamo-nos cada vez menos partidários políticos de qualquer tipo e cada vez mais cidadãos cristãos do mundo. Tornamo-nos cristãos de verdade, mas mais do que apenas cristãos. Tornamo-nos totalmente americanos, mas mais do que apenas americanos. Nós nos recusamos a ser tanto antimasculinos como sexistas presunçosos. Em vez disso, nós "nos tornamos fogo".

Agora, é a luz de Deus pela qual caminhamos. Não somos cristãos belicosos e conservadores. Não somos cidadãos chauvinistas ou patriotas caipiras. Não somos progressistas presunçosos. Nós nos tornamos como aqueles Padres do Deserto que não enumeram os pecados dos outros, apenas seus próprios pecados. Somos como aqueles Padres do

Deserto que têm pouco para viver eles próprios, mas continuam dando aos que têm ainda menos. Somos como aqueles Padres do Deserto que quebram uma regra para salvar uma pessoa em vez de manter a regra e perder sua própria alma, preferindo a falsa justiça à verdadeira santidade.

Nesse ponto, todos os jejuns e orações, todas as disciplinas e regras, fizeram o que deveriam fazer. Eles nos prepararam para esquecê-los quando necessário e assim nos tornarmos verdadeiros religiosos. Reviraram o solo duro de nossos corações. Transformaram nossos corações de pedra em corações de carne.

Sim, todas as práticas e tradições religiosas, as festas e devoções fervorosas, cumpriram o seu papel. Não, não nos fizeram grandes fontes da história da tradição, nem guardiões de suas penitências mais misteriosas. Em vez disso, imprimiram em nossas almas o contorno suave do rosto compassivo de Jesus. Agora, quem tocarmos verá aquele olhar manso e amoroso de Jesus.

Conecte-se conosco:

📘 facebook.com/editoravozes

📷 @editoravozes

🐦 @editora_vozes

▶ youtube.com/editoravozes

💬 +55 24 2233-9033

www.vozes.com.br

Conheça nossas lojas:

www.livrariavozes.com.br

Belo Horizonte – Brasília – Campinas – Cuiabá – Curitiba
Fortaleza – Juiz de Fora – Petrópolis – Recife – São Paulo

Vozes de Bolso

EDITORA VOZES LTDA.
Rua Frei Luís, 100 – Centro – Cep 25689-900 – Petrópolis, RJ
Tel.: (24) 2233-9000 – E-mail: vendas@vozes.com.br